Oleh Poshedin
Maryna Chulaievska

A ameaça existencial para a Ucrânia: a sua segurança militar instável

AF625231

Oleh Poshedin
Maryna Chulaievska

A ameaça existencial para a Ucrânia: a sua segurança militar instável

ScienciaScripts

Imprint

Any brand names and product names mentioned in this book are subject to trademark, brand or patent protection and are trademarks or registered trademarks of their respective holders. The use of brand names, product names, common names, trade names, product descriptions etc. even without a particular marking in this work is in no way to be construed to mean that such names may be regarded as unrestricted in respect of trademark and brand protection legislation and could thus be used by anyone.

Cover image: www.ingimage.com

This book is a translation from the original published under ISBN 978-620-2-08182-5.

Publisher:
Sciencia Scripts
is a trademark of
Dodo Books Indian Ocean Ltd. and OmniScriptum S.R.L publishing group

120 High Road, East Finchley, London, N2 9ED, United Kingdom
Str. Armeneasca 28/1, office 1, Chisinau MD-2012, Republic of Moldova, Europe
Printed at: see last page
ISBN: 978-620-7-97869-4

Copyright © Oleh Poshedin, Maryna Chulaievska
Copyright © 2024 Dodo Books Indian Ocean Ltd. and OmniScriptum S.R.L publishing group

A AMEAÇA EXISTENCIAL PARA A UCRÂNIA: A SUA FRÁGIL SEGURANÇA MILITAR

Oleh POSHEDIN, Maryna CHULAIEVSKA

1 INTRODUÇÃO

Embora a anterior estratégia de segurança nacional da Ucrânia, aprovada em 2012, reconhecesse "a existência de tendências para rever as fronteiras nacionais para além das normas do direito internacional", sublinhava que "os desafios internos da Ucrânia em matéria de segurança nacional (ineficácia do governo, corrupção, falta de competitividade da economia ucraniana, etc.) eram mais urgentes para a sua segurança nacional" (2012).

No entanto, a agressão militar aberta da Federação Russa contra o nosso país tornou o problema da segurança militar da Ucrânia ainda mais premente.

Em consequência, a estratégia de segurança nacional recentemente adoptada pela Ucrânia afirma que "as actividades agressivas da Rússia têm sido levadas a cabo com o objetivo de esgotar a economia da Ucrânia e minar a sua estabilidade social e política, com o objetivo de destruir o Estado ucraniano e apoderar-se do seu território" (2015).

Dada a constante ameaça militar ao nosso país por parte da Federação Russa, garantir a segurança militar da Ucrânia tornou-se a questão mais premente. É amplamente aceite que a segurança militar é parte integrante da segurança nacional. Por exemplo, o Dicionário de Termos Militares e Associados do Departamento de Defesa dos EUA não define a segurança militar como tal, mas distingue as componentes defensivas como uma parte essencial da segurança nacional. O dicionário salienta que a segurança nacional engloba tanto a defesa nacional como as relações internacionais (2016).

Por outras palavras, a segurança militar caracteriza a capacidade de um Estado de beneficiar de uma defesa eficaz que proporcione uma proteção fiável da sua soberania e integridade territorial contra a invasão de uma força militar estrangeira.

2 RESULTADOS

A segurança militar de um país pode ser reforçada pela sua participação em organizações internacionais de segurança colectiva.

É geralmente aceite que a Organização das Nações Unidas (ONU) deve desempenhar o papel principal na manutenção da paz e na resolução de conflitos: "O Conselho de Segurança determinará a existência de qualquer ameaça à paz, rutura da paz ou ato de agressão e fará recomendações ou decidirá sobre as medidas a tomar para manter ou restabelecer a paz e a segurança internacionais" [Carta das Nações Unidas, 1945].

Por conseguinte, de um ponto de vista puramente teórico, é precisamente a ONU que deveria ter reagido de forma adequada à anexação do território do nosso país. Na prática, porém, como tem direito de veto no Conselho de Segurança das Nações Unidas (CSNU), a Federação Russa bloqueou até agora qualquer resolução que condenasse a agressão da Rússia contra a Ucrânia e, por conseguinte, não permitiu que os mecanismos da ONU protegessem a integridade territorial do nosso país.

Como refere o jornal The Guardian, a Rússia utilizou o seu poder de veto em quatro ocasiões para bloquear potenciais resoluções da ONU sobre a Síria, que Moscovo considerava prejudiciais para o seu aliado, o regime de Bashar al-Assad. Até à data, a Rússia também tem impedido qualquer ação conjunta sobre a situação na Ucrânia, onde Moscovo se tornou parte no conflito ao anexar a Crimeia e ao conduzir uma campanha militar secreta para apoiar os separatistas pró-russos no leste da Ucrânia [Julian Borger, Bastien Inzaurralde, 2015].

Na sequência desta publicação, em 2016-17, a Rússia voltou a utilizar o seu poder de veto quatro vezes (por exemplo, a China - duas vezes, em ambos os casos em conjunto com a Federação da Rússia) [List of Security Council vetoes, 2017].

Em 15 de março de 2014, o Conselho de Segurança das Nações Unidas não conseguiu adotar um projeto de resolução sobre a resolução da crise na Ucrânia. A Rússia utilizou o seu veto na votação do projeto, que tinha sido apresentado pela delegação dos EUA e por vários outros membros do CSNU. Treze membros do CSNU votaram a favor do projeto de texto, com a abstenção da China. A resolução teria reafirmado a "soberania, independência, unidade e integridade territorial" da Ucrânia e declarado que "o referendo de domingo, que poderia levar à separação da Crimeia da Ucrânia e à sua união com a Rússia, não pode ter qualquer validade" [Ação do Conselho de Segurança da ONU sobre o referendo da Crimeia bloqueada, 2014].

Além disso, numa tentativa de esconder os seus crimes de guerra cometidos nos territórios ocupados da Ucrânia, a Rússia também bloqueou uma resolução do Conselho de Segurança da ONU sobre a criação de um tribunal para julgar os responsáveis pela queda do voo MH17 da Malásia, que foi abatido sobre a região de Donetsk em julho de 2014.

Tudo isto nos convence de que a reforma do Conselho de Segurança das Nações Unidas é a pedra angular da renovação da Organização.

Há muitos anos que se discute a necessidade de reformar a ONU. A tónica é colocada na necessidade de melhorar o financiamento da ONU, de reforçar a sua capacidade de manutenção da paz, etc. No que respeita à reforma do Conselho de Segurança das Nações Unidas, a atenção dos investigadores centrou-se principalmente nas seguintes sugestões. Em primeiro lugar, tem sido frequentemente defendido o aumento do número de membros permanentes do CSNU, o que tornaria o órgão mais representativo. Tal poderia reforçar a legitimidade do CSNU aos olhos dos membros da ONU e dos seus cidadãos e reflectiria de forma mais objetiva as mudanças no equilíbrio mundial desde 1945. Em segundo lugar, foram igualmente propostas várias formas de limitar o poder de veto dos cinco membros permanentes do CSNU [Kennedy Paul, Russett Bruce, 1995].

No relatório do Painel de Alto Nível sobre Ameaças, Desafios e Mudança, publicado em 2004, afirma-se que o Conselho de Segurança deve respeitar os seguintes princípios [Relatório do Painel de Alto Nível sobre Ameaças, 2004].

1. As reformas deveriam aumentar a participação na tomada de decisões daqueles que mais contribuem para a ONU a nível financeiro, militar e diplomático - em especial em termos de contribuições para os orçamentos da ONU, participação em operações de paz mandatadas, contribuições para actividades voluntárias da ONU nos domínios da segurança, do desenvolvimento e das actividades diplomáticas, em apoio dos objectivos e mandatos da ONU. Para os países desenvolvidos, a consecução ou a realização de progressos substanciais para atingir o nível internacionalmente acordado de 0,7% do PIB para a ajuda pública ao desenvolvimento deve ser considerada um critério de contribuição importante.

2. As reformas devem incluir países que representem um número crescente de membros, nomeadamente países em desenvolvimento, no processo de tomada de decisões.

3. As reformas não devem comprometer a eficácia do Conselho de Segurança das Nações Unidas.

1. As reformas devem reforçar o carácter democrático e responsável deste organismo.

O Grupo considera que uma decisão sobre o alargamento do Conselho de Segurança das Nações Unidas que satisfaça estes princípios se tornou uma necessidade, pelo que apresentou os modelos A e B.

Os modelos A e B implicam ambos a distribuição de lugares no CSNU por quatro grandes áreas regionais, que podemos identificar respetivamente como "África", "Ásia e Pacífico", "Europa" e "Américas".

O modelo A prevê seis novos lugares permanentes, sem direito de veto adicional, e três novos lugares não permanentes de dois anos. O modelo B não prevê novos lugares permanentes, mas cria uma nova categoria de oito lugares com um mandato renovável de quatro anos e um novo lugar não permanente (e não renovável) de dois anos.

Como se pode ver, a questão do direito de veto no Conselho de Segurança nem sequer é abordada nas propostas do Painel de Alto Nível. E embora a França tenha proposto, há algum tempo, que os cinco membros permanentes do CSNU suspendessem voluntariamente o uso do seu veto em situações em que são cometidos genocídios ou outras atrocidades em massa [Julian Borger, Bastien Inzaurralde, 2015], é difícil imaginar que os outros membros do Conselho de Segurança aceitassem voluntariamente restringir o seu monopólio de veto, uma vez que este serve de garantia para a proteção dos seus interesses nacionais.

Por exemplo, o Ministro dos Negócios Estrangeiros russo, Sergei Lavrov, afirmou numa das suas entrevistas: "O direito de veto, tantas vezes criticado, é, de facto, o principal garante dos controlos e equilíbrios necessários em qualquer sistema democrático" (2015).

No que diz respeito aos Estados Unidos, como Francis Fukuyama salientou, os Estados Unidos, que se encontram frequentemente isolados durante as votações do Conselho de Segurança da ONU, são o membro do CSNU menos disposto a apoiar o abandono do princípio da unanimidade [2014, p. 214].

Em setembro de 2015, na reunião com os líderes do Brasil, da Índia e do Japão, a Chanceler alemã Angela Merkel sublinhou a necessidade de alterar a estrutura do Conselho de Segurança para refletir a verdadeira distribuição de forças no mundo, mas não abordou a questão do veto. Todos os Estados-Membros concordam que o mundo atual é muito diferente do que era em 1945, quando as Nações Unidas foram criadas, e que o Conselho de Segurança da ONU deve refletir esta realidade. No entanto, a Alemanha e o Japão, enquanto potências económicas mundiais e grandes contribuintes para a ONU, têm defendido que merecem lugares permanentes no Conselho de Segurança [Chanceler Merkel, 2015].

Ao mesmo tempo, de acordo com Richard Gowan, membro sénior de política do Conselho Europeu de Relações Externas, da Escola da Universidade de Columbia em Nova Iorque, o último secretário-geral da ONU que tentou falar sobre a reforma do Conselho de Segurança foi Kofi Annan, e os seus esforços não deram em nada. Ban Ki-moon não abordou a questão; Guterres também não a está a abordar [Richard Gowan, 2017].

O programa de reforma de António Guterres assenta em quatro pilares principais, refere Richard Gowan. Um dos objectivos é reforçar a paridade de género na ONU. O Sr. Gutierrez está a envidar todos os esforços para promover a igualdade de género. Cerca de 50% dos cargos superiores que ocupou até à data foram ocupados por mulheres. As principais reformas estruturais consistem numa revisão do sistema de desenvolvimento das Nações Unidas, que consiste, de facto, em eliminar os elementos que já não são adequados. Existem demasiados gabinetes que duplicam a política de desenvolvimento da ONU. Guterres pretende, por isso, reduzir a presença da ONU no desenvolvimento em todo o mundo, redirecionar as responsabilidades para si próprio enquanto chefe da organização e reduzir alguma da burocracia da ONU.

Também dá prioridade à reforma da gestão. De acordo com Guterres, é importante acabar com os disparates de gestão e dar poder ao pessoal das Nações Unidas no terreno, como as forças de manutenção da paz e os trabalhadores humanitários, para ajudar os necessitados. Há uma série de propostas de bom senso para realinhar os departamentos que gerem as actividades de mediação, manutenção e construção da paz da ONU em Nova Iorque. António Guterres prevê uma racionalização bastante limitada para melhorar a supervisão estratégica da ONU em operações como as do Darfur ou em processos de mediação como os da Síria.

Nestas condições (quando as alterações ao Conselho de Segurança não estão na agenda do Secretário-Geral da ONU), as discussões sobre a reforma do Conselho de

Segurança, segundo o perito americano, são inúteis. Tornou-se muito claro nos últimos anos que a China, em particular, não está preparada para tolerar qualquer reforma do Conselho que dê ao Japão um aumento, mesmo que limitado, da sua influência na ONU. A administração Trump também não se vai preocupar com a reforma do Conselho de Segurança.

Podemos, portanto, partir do princípio de que, se houver mudanças no Conselho de Segurança nos próximos anos, elas não afectarão certamente o direito de veto. No que diz respeito aos novos candidatos permanentes ao Conselho de Segurança, há também uma série de problemas. Em primeiro lugar, há os critérios segundo os quais serão seleccionados os novos membros do Conselho de Segurança. Parece que não será fácil chegar a um compromisso sobre esta questão. Nestas condições, o direito de veto dos cinco membros permanentes continuará a condenar toda a organização à inatividade em caso de violação do direito internacional.

Nestas circunstâncias, a Ucrânia só pode utilizar a Assembleia Geral da ONU como um fórum para ajudar a transmitir os seus pontos de vista à comunidade mundial e manter as questões que condenam a agressão da Rússia contra a Ucrânia constantemente na agenda da ONU.

Por exemplo, a Resolução n.º 68/262 da Assembleia Geral das Nações Unidas sobre a "Integridade Territorial da Ucrânia", adoptada em 27 de março de 2014, reafirma "a soberania, a independência política e a integridade territorial da Ucrânia dentro das suas fronteiras internacionalmente reconhecidas e apela a todos os Estados para que renunciem e se abstenham de qualquer ação destinada a comprometer, parcial ou totalmente, a unidade nacional e a integridade territorial da Ucrânia". Além disso, a resolução sublinha que "o referendo realizado na Crimeia e em Sebastopol em 16 de março de 2014, não tendo qualquer validade, não pode servir de base para qualquer alteração do estatuto da República Autónoma da Crimeia ou da cidade de Sebastopol" (2014).

Em outubro de 2015, foi concedido à Ucrânia o estatuto de membro não permanente do Conselho de Segurança das Nações Unidas por um período de dois anos, tendo iniciado o exercício das suas funções em 1 de janeiro de 2016. O estatuto de membro não permanente do CSNU proporciona ao nosso Estado oportunidades adicionais para apresentar ao Conselho de Segurança uma agenda relacionada com a restauração da integridade territorial da Ucrânia, mas nada mais.

Podemos, portanto, concluir que, em situações em que a Ucrânia se opõe ao agressor, a Federação Russa - que é membro permanente do Conselho de Segurança da ONU -, não faz sentido confiar na ONU para proteger os interesses nacionais ucranianos. A Ucrânia só pode utilizar a plataforma da ONU como um instrumento para exercer pressão política e moral sobre a Rússia e para informar a comunidade internacional da verdade sobre os acontecimentos em torno da ocupação da Crimeia e do apoio da Rússia aos terroristas no leste da Ucrânia.

A Organização para a Segurança e a Cooperação na Europa (OSCE) é a segunda organização de segurança cuja adesão deveria ter protegido a Ucrânia da invasão russa e, de um modo mais geral, ajudado a manter a integridade territorial do nosso país.

É de notar, contudo, que a OSCE ainda não se tornou uma organização internacional de pleno direito, com a sua própria carta e outros documentos jurídicos, que são parte integrante de uma instituição deste tipo. Os recursos limitados (a OSCE não dispõe de alavancas de poder, contando apenas com a sua autoridade para encorajar as partes a pôr termo a um conflito) significam que a organização não pode atualmente lidar de forma eficaz com as ameaças e os desafios modernos.

Além disso, no caso da agressão russa contra a Ucrânia (as decisões da OSCE são adoptadas por consenso), a Rússia fez tudo o que estava ao seu alcance para simplesmente demonstrar a sua falta de interesse em resolver o conflito no leste da Ucrânia e até impediu a extensão do mandato da missão especial de observação da OSCE na Ucrânia. Como resultado, os membros da missão apenas puderam observar algumas centenas de metros de território ao longo de várias centenas de quilómetros de área não controlada pelo governo ucraniano.

A Rússia só pode ser vista como estando a seguir uma política consistente de esconder da comunidade internacional as provas claras do envolvimento direto da Rússia no conflito na região do Donbas.

Consequentemente, na Ucrânia, o poder da OSCE é controlado pela Rússia e bloqueado por esta, tal como no caso do Conselho de Segurança da ONU.

A União Europeia e a NATO são duas organizações que fazem parte do sistema euro-atlântico de segurança internacional, garantindo a segurança militar dos seus membros.

No que respeita à UE, pode dizer-se que, com a entrada em vigor do Tratado de Lisboa, em 1 de dezembro de 2009, a política de defesa da UE adquiriu uma nova qualidade e recebeu um novo nome - a Política Comum de Segurança e Defesa (PCSD).

A PCSD é parte integrante da Política Externa e de Segurança Comum da UE. "Inclui a definição progressiva de uma política de defesa comum da União (sempre que o Conselho Europeu, deliberando por unanimidade, assim o decida) e confere-lhe uma capacidade operacional baseada em meios civis e militares que a UE pode utilizar em missões no exterior da União para a manutenção da paz, a prevenção de conflitos e o reforço da segurança internacional, de acordo com os princípios da Carta das Nações Unidas" [Versões consolidadas do Tratado da União Europeia e do Tratado sobre o Funcionamento da União Europeia, 2012].

A cláusula de assistência mútua do Tratado da União Europeia reveste-se de grande importância no contexto da política de defesa da UE. Esta cláusula obriga os Estados-Membros da UE a prestar a ajuda e a assistência necessárias a outros Estados-Membros, por todos os meios ao seu alcance, se um Estado-Membro for vítima de uma agressão armada no seu território.

O Tratado da União Europeia abriu uma série de novas possibilidades para aprofundar a integração dos Estados-Membros no domínio da defesa. Permite, nomeadamente, a criação de uma rede de cooperação estruturada permanente - uma aliança de um grupo de países da UE baseada em interesses e aspirações comuns no domínio da defesa. A cooperação estruturada permanente é estabelecida pelo n.º 6 do artigo 42.º do Tratado da União Europeia e está aberta a todos os Estados-Membros.

Igualmente importante é a cláusula de solidariedade contida no Tratado sobre o Funcionamento da União Europeia. De acordo com o artigo 222.º deste Tratado, "se um Estado-Membro for alvo de um ataque terrorista ou vítima de uma catástrofe natural ou de origem humana, a União e os Estados-Membros actuarão em conjunto num espírito de solidariedade. A União mobilizará todos os meios ao seu dispor, incluindo os recursos militares disponibilizados pelos Estados-Membros" [versões consolidadas, 2012].

Em 28 de junho de 2016, a Alta Representante da União para os Negócios Estrangeiros e a Política de Segurança, Federica Mogherini, apresentou a Estratégia Global para a Política Externa e de Segurança da União Europeia: "Visão partilhada, ação comum: uma Europa mais forte" [Estratégia Global, 2016].

A estratégia afirma que, no mundo moderno, não basta utilizar a força "suave"; é necessário aumentar a eficácia da UE no domínio da segurança e da defesa. As principais prioridades em matéria de segurança são: a defesa, a luta contra o terrorismo, a cibersegurança, a energia e as comunicações estratégicas. As condições prévias para a implementação da política de segurança e defesa da União Europeia são: sincronização progressiva e alinhamento mútuo dos ciclos de planeamento da defesa nacional (este planeamento deve ter lugar em plena conformidade com o processo de planeamento da defesa da NATO); utilização dos fundos da UE para apoiar a investigação, a tecnologia e a cooperação multinacional no domínio da defesa; envolvimento de todo o potencial da Agência Europeia de Defesa; reforço da indústria europeia de defesa.

A estratégia sublinha que, para responder a crises externas e garantir a segurança da Europa, a UE deve dispor de uma gama completa de capacidades terrestres, aéreas, espaciais e marítimas, incluindo recursos estratégicos. A este respeito, a obrigação colectiva de afetar 20% do orçamento de defesa dos Estados-Membros da União Europeia à aquisição de equipamento e ao desenvolvimento científico e tecnológico deve ser plenamente aplicada.

Uma indústria de defesa europeia estável, inovadora e competitiva é essencial para a autonomia estratégica da Europa e para uma Política Comum de Segurança e Defesa credível. A estratégia chama a atenção para o facto de a indústria da defesa poder estimular o crescimento e a criação de emprego. Tal contribuirá diretamente para a resolução dos actuais problemas sociais nos Estados-Membros da UE. Uma defesa europeia holística, a tecnologia e a base industrial exigem um mercado interno transparente e a participação das pequenas e médias empresas no sector da defesa. Tudo isto, na opinião da UE, pode melhorar a qualidade da inovação e do investimento nas tecnologias militares do futuro.

Está a ser prestada especial atenção ao desenvolvimento da capacidade de reação rápida, eliminando os obstáculos processuais, financeiros e políticos que dificultam o destacamento de unidades de combate, complicam a formação das tropas e reduzem a eficácia das operações militares no âmbito da Política Comum de Segurança e Defesa. A melhoria das missões civis da UE, que são o "cartão de visita" da PCSD, é também uma questão importante.

É possível distinguir três factores dos quais depende a segurança europeia. O primeiro é a necessidade de melhorar a vigilância e o controlo da segurança, a aplicação da legislação em matéria de segurança, o investimento em capacidades de deteção e o rastreio transfronteiriço de armas. O segundo domínio é a segurança do espaço digital europeu, o desenvolvimento de competências em matéria de serviços e produtos digitais de confiança e o desenvolvimento de competências através de investigação e formação conjuntas. Por último, é necessário reforçar as capacidades para enfrentar os desafios externos.

A implementação e a manutenção das capacidades acima referidas exigem que os Estados-Membros cooperem estreitamente no domínio da defesa, uma vez que os actuais programas nacionais de defesa não podem cumprir todas as tarefas que estão preparados para assumir. A cooperação voluntária no domínio da defesa deve ser abolida e tornar-se uma obrigação para os Estados-Membros.

A estratégia sublinha que os Estados-Membros devem melhorar a capacidade de projeção e a interoperabilidade das suas forças, a fim de tornar a PCSD mais eficaz e de estar pronta a responder a crises, ultrapassando rapidamente os obstáculos processuais, financeiros e políticos. Além disso, é necessário continuar a desenvolver as missões civis, incentivando a criação de forças, acelerando a sua projeção e proporcionando formação. Outro ponto importante é o reforço das estruturas de planeamento e de condução das operações, através do desenvolvimento de uma colaboração mais estreita entre as estruturas e as missões civis e militares. A cooperação já estabelecida deve ser aprofundada através da exploração de todo o potencial do Tratado de Lisboa.

Em 14 de novembro de 2016, na reunião do Conselho da União Europeia, foi apresentado o plano de execução da Estratégia Global de Segurança e Defesa [Plano de Execução da Segurança e Defesa, 2016].

O plano estabelece um novo nível de ambição para a UE e define as acções necessárias para o implementar, incluindo uma cooperação mais estreita no domínio da defesa. O plano sublinha que a UE deve contribuir para... :

resposta a conflitos e crises externas ;
reforçar as capacidades dos parceiros ;
para proteger a União Europeia e os seus cidadãos.

A resposta a conflitos e crises **externos** abrange todas as tarefas da PCSD no domínio da gestão civil e militar de crises. O objetivo é melhorar a capacidade de reação da PCSD em todas as fases do ciclo de conflito, incluindo a prevenção de conflitos, a fim de promover a paz e a segurança no quadro de uma ordem mundial assente em regras e sustentada pelas Nações Unidas.

O reforço das capacidades dos parceiros será efectuado em conformidade com os objectivos da PCSD através de formação e aconselhamento no sector da segurança. O objetivo é atingir 10

reforçar a capacidade da PCSD para contribuir de forma mais sistemática para a resiliência dos países parceiros que estão a recuperar de conflitos ou de situações de instabilidade, ou que se encontram ameaçados por estes.

A **proteção da União Europeia e dos seus cidadãos** abrange o contributo que a UE e os seus Estados-Membros podem dar para enfrentar as ameaças à segurança da UE e dos seus cidadãos, em especial através da PCSD, em conformidade com o Tratado da União Europeia.

O passo seguinte para a implementação da estratégia global foi o Plano de Ação Europeu de Defesa, aprovado pela Comissão Europeia em 30 de novembro de 2016. Estabelece acções específicas para ajudar os Estados-Membros a intensificar a sua investigação e a gastar mais eficazmente os fundos comuns para a defesa [Plano de Ação Europeu de Defesa, 2016].

Dada a importância prática deste documento, vamos analisá-lo em pormenor.

O plano de ação presta atenção suficiente aos desafios que a política de defesa europeia enfrenta. Constata-se que, embora a União Europeia seja o segundo maior gastador militar do mundo, a seguir aos Estados Unidos, continua a sofrer de ineficiências nas despesas devido a duplicações, falta de interoperabilidade e deficiências tecnológicas. Além disso, os orçamentos de defesa europeus diminuíram nos últimos anos, enquanto outros actores mundiais (China, Rússia e Arábia Saudita) modernizaram os seus sectores de defesa a uma escala sem precedentes. Entre 2005 e 2015, as despesas com a defesa na UE-27 diminuíram quase 11%, para um total de 200 mil milhões de euros. A percentagem da UE nas despesas com a defesa em relação ao PIB também diminuiu em 2015, atingindo um mínimo histórico de 1,4%. Ao mesmo tempo, a China aumentou o seu orçamento militar em 150% nos últimos dez anos. Em 2015, a Rússia investiu 5,4% do seu PIB na defesa.

A tendência para a redução dos orçamentos da defesa tem sido exacerbada por ineficiências na forma como estes orçamentos são utilizados. A fragmentação dos mercados europeus conduz a duplicações desnecessárias. A redução dos orçamentos de defesa na Europa não conduziu a uma maior cooperação, muito pelo contrário. Atualmente, existem menos programas de cooperação no domínio da defesa do que há

20 anos.

O plano sublinha que o sector industrial da defesa é de importância estratégica não só para a segurança da UE, mas também para a economia europeia. Com um volume de negócios total de 100 mil milhões de euros por ano, é também um dos principais motores da economia europeia.

É importante recordar que o desenvolvimento do sector da defesa tem lugar durante um longo período de tempo e envolve riscos elevados, uma vez que os requisitos operacionais podem mudar durante a produção do equipamento de defesa. Isto significa que as empresas do sector da defesa não investirão dinheiro em tecnologia militar se o governo não for obrigado a comprar os seus produtos. Podemos, portanto, concluir que a aquisição apoiada pelo governo é um fator importante para o desenvolvimento da indústria da defesa.

O plano de ação baseia-se em três pilares principais:

1. o lançamento do Fundo Europeu de Defesa ;
2. incentivar o investimento nas cadeias de abastecimento da defesa ;
3. reforçar o mercado único da defesa.

O Fundo Europeu de Defesa compreenderia duas estruturas de financiamento distintas ("janelas"), interdependentes entre si e a introduzir gradualmente.

A "Janela de Investigação" destina-se a financiar projectos conjuntos de investigação no domínio da defesa a nível da UE. Como primeiro passo, a Comissão Europeia já propôs um orçamento de 90 milhões de euros para o período de 2017-19. A longo prazo, o orçamento anual para a investigação atingirá os 500 milhões de euros. O programa centrar-se-á num número limitado de projectos de investigação fundamentais aprovados pelos Estados-Membros. Estes projectos envolvem a participação de institutos de investigação e empresas, bem como de pequenas e médias empresas de diferentes Estados-Membros da UE. Deste modo, será possível afetar os recursos de forma rentável e eliminar duplicações desnecessárias.

A "janela de capacidades" será criada para apoiar o desenvolvimento conjunto das capacidades de defesa, tal como acordado pelos Estados-Membros (neste caso, as capacidades de defesa incluem o equipamento material e a tecnologia necessários. Esta "janela" não inclui operações militares, formação de pessoal e apoio material e técnico). Esta "janela" será financiada através da conjugação das contribuições nacionais e, na medida do possível, apoiada pelo orçamento da UE.

A falta de coordenação e de planeamento conjunto das oportunidades a nível da UE reduz a eficácia das despesas e dos investimentos públicos dos Estados-Membros. Além disso, a falta de sincronização dos custos individuais conduz a atrasos significativos no lançamento e na execução de programas conjuntos. A "janela de capacidade" do Fundo tem por objetivo eliminar estes obstáculos. O plano indica que 5 mil milhões de euros por ano poderiam servir de objetivo. Este montante corresponderia a 2,5% do total das despesas nacionais com a defesa na UE e a 14% das despesas nacionais com as capacidades de defesa.

Foi proposto que a "janela de capacidade" fosse construída a dois níveis:

O primeiro nível, aberto a todos os Estados-Membros, estabeleceria o quadro comum de apoio para os Estados-Membros e forneceria o back-office operacional para o desenvolvimento de projectos específicos através de regras comuns e de instrumentos jurídicos e financeiros aplicáveis.

O segundo nível consistiria em projectos específicos destinados a desenvolver capacidades comuns com base na participação voluntária dos Estados-Membros. Diferentes grupos de Estados-Membros poderiam participar em projectos individuais.

As "janelas" deverão ser completadas por um mecanismo de coordenação sob a forma do Conselho de Coordenação, que trabalhará em colaboração com a Comissão Europeia, o Alto Representante da UE para os Negócios Estrangeiros e a Política de Segurança, os Estados-Membros, a Agência Europeia de Defesa e a indústria da defesa.

A principal tarefa do Conselho de Coordenação será assegurar a coerência entre as duas "janelas" e apoiar o desenvolvimento das oportunidades acordadas entre os Estados-Membros.

O Fundo Europeu de Defesa será um passo decisivo para manter a competitividade da indústria europeia de defesa. Será igualmente prestada especial atenção ao alargamento do acesso ao financiamento por parte das pequenas e médias empresas.

Incentivar o investimento nas cadeias de abastecimento da defesa

Um instrumento importante para aumentar o investimento na defesa é a utilização das capacidades previstas nos fundos europeus existentes (Fundo Europeu de Desenvolvimento Regional, Fundo Social Europeu, etc.). Os fundos estruturais e de investimento europeus podem ser utilizados pelos Estados-Membros no sector da defesa, na medida em que contribuam para a realização dos objectivos do fundo no que diz respeito a projectos de investimento conjuntos e ao apoio à modernização da cadeia de abastecimento da defesa. A indústria da defesa pode contribuir para a realização dos objectivos dos fundos estruturais e de investimento, como a promoção da economia regional, a criação de emprego, o desenvolvimento tecnológico e económico, etc.

Por conseguinte, a fim de aumentar o investimento na defesa, propõe-se utilizar plenamente as possibilidades já oferecidas pelos tratados fundadores da UE, nomeadamente o artigo 174.º do Tratado sobre o Funcionamento da União Europeia [versões consolidadas, 2012].

Reforçar o mercado interno da defesa

Uma concorrência mais forte e um mercado da defesa mais aberto na Europa deveriam contribuir para tornar os produtos europeus mais competitivos no mercado mundial. Este condicionalismo deve aplicar-se tanto aos contratantes gerais como aos fornecedores.

A segurança do aprovisionamento é a pedra angular da criação de um verdadeiro mercado interno da defesa e desempenha um papel fundamental nos futuros programas conjuntos. Os Estados-Membros precisam de ter a certeza de que os fornecimentos transfronteiriços não serão interrompidos. Melhorar a segurança do aprovisionamento a nível da UE significa reforçar a confiança mútua entre os Estados-Membros. Uma tarefa importante é melhorar o acesso das pequenas e médias empresas ao mercado transfronteiriço da defesa. A certificação e a normalização são de importância fundamental para a cooperação no domínio da defesa, uma vez que melhoram a interoperabilidade e reduzem os custos.

A adoção pelo Parlamento Europeu da resolução "Possíveis evoluções e ajustamentos da atual estrutura institucional da União Europeia", em 16 de fevereiro de 2017, testemunha o facto de as questões de defesa comum da UE terem estado no centro das atenções dos políticos europeus. O ponto "Reforçar a nossa política externa" sublinha a necessidade de criar rapidamente a União Europeia da Defesa. Além disso, a resolução propõe a criação de uma Direção-Geral da Defesa que seria responsável, a nível da UE, pelos aspectos internos da política de segurança e defesa, bem como a criação de um serviço europeu de informações [Resolução do Parlamento Europeu, 2017].

Em março de 2017, o Conselho da UE adotou conclusões sobre os progressos realizados na execução da estratégia global da UE no domínio da segurança e da defesa [Conclusões do Conselho, 2017].

Em especial, o documento sublinha que a UE criará o Centro de Planeamento e Gestão Militar. A criação desse centro no âmbito do atual quartel-general militar da UE contribuirá, na opinião da UE, para um planeamento e uma execução mais eficazes e coordenados das operações não militares da UE no estrangeiro.

Os resultados do primeiro ano de aplicação da Estratégia Global da UE são apresentados no relatório publicado no verão de 2017 [The EU Global Strategy - Year I, 2017]. O documento refere que a UE criou uma capacidade de planeamento e condução militar para as suas missões militares não executivas no âmbito do Estado-Maior da UE. Além disso, foi acordada a criação da Célula de Coordenação do Apoio Conjunto para reforçar as sinergias entre as missões civis e militares da UE. O relatório apresenta igualmente o lançamento da Análise Anual Coordenada da Defesa (AACD), que facilitará a partilha regular e sistemática de informações entre os Estados-Membros sobre os seus planos de defesa e a execução do Plano de Desenvolvimento de Capacidades.

Além disso, foi acordado reforçar a preparação e o financiamento efetivo dos agrupamentos tácticos da UE, a fim de melhorar a sua capacidade de mobilização e flexibilidade. Estão também em curso trabalhos para melhorar a capacidade de resposta das missões civis da PCSD: foram apresentadas propostas para estabelecer uma capacidade de resposta básica que permita uma ação mais rápida no terreno.

Por último, e talvez o mais importante, o Conselho decidiu estudar a possibilidade de ativar a Cooperação Estruturada Permanente (CEP). A CEP, tal como prevista nos Tratados, permite aos Estados-Membros dispostos e capazes de assumir compromissos mais vinculativos entre si para as missões mais exigentes. O Conselho acordou em estudar a CEP, que seria simultaneamente inclusiva e ambiciosa, aberta a todos os Estados-Membros dispostos a assumir os compromissos necessários e a cumprir os critérios acordados.

Embora a CEP, o CARD e o Fundo Europeu de Defesa da Comissão tenham os seus méritos, é evidente que poderiam reforçar-se mutuamente. A CEP poderia tornar-se uma plataforma para projectos de cooperação que correspondessem às prioridades da UE num quadro mais vinculativo. Por seu lado, o Fundo coordenaria, complementaria e amplificaria os investimentos nacionais e constituiria um incentivo valioso para uma abordagem mais colaborativa por parte dos Estados-Membros.

A Agência Europeia de Defesa desempenha um papel fundamental no apoio a todas estas iniciativas. A Agência também tem participado ativamente na execução de outros aspectos do trabalho sobre segurança e defesa.

Por conseguinte, com base no que precede, pode afirmar-se que, embora a UE se encontre atualmente na fase de criação de uma defesa colectiva, as cláusulas de assistência mútua do Tratado da União Europeia e a cláusula de solidariedade do Tratado sobre o Funcionamento da União Europeia garantem de forma fiável a segurança militar dos Estados-Membros da UE. E os acontecimentos de 2016-17 confirmam o empenho da União Europeia em reforçar a cooperação entre os Estados-Membros no domínio da defesa.

A cooperação com a UE no âmbito da Política Comum de Segurança e Defesa é um elemento importante da integração europeia da Ucrânia. No entanto, esta cooperação não é capaz de garantir plenamente a segurança militar da Ucrânia, uma vez que as disposições da UE em matéria de solidariedade e assistência mútua se aplicam apenas aos Estados-Membros da UE e não aos países parceiros da UE.

Quais são então as perspectivas de o nosso país garantir a sua segurança militar através da adesão à União Europeia?

Os políticos ucranianos a vários níveis sublinham frequentemente que a integração europeia conduzirá inevitavelmente à adesão da Ucrânia à UE. É feita referência a períodos específicos de 10 a 15 anos. Este direito é afirmado em documentos oficiais ucranianos. Por exemplo, a estratégia de desenvolvimento sustentável "Ucrânia 2020", aprovada por decreto do Presidente ucraniano em 12 de janeiro de 2015, afirma que os requisitos do Acordo de Associação entre a Ucrânia e a UE dão à Ucrânia uma oportunidade de se tornar membro de pleno direito da União Europeia no futuro (2015).

Com base na nossa própria experiência, os autores poderiam argumentar que um número significativo de cidadãos ucranianos também está convencido da ligação direta entre a aplicação do Acordo de Associação e as perspectivas de adesão da Ucrânia à UE. Convém recordar que o próprio acordo não contém qualquer declaração sobre as perspectivas de adesão plena da Ucrânia à União Europeia.

No entanto, muitos analistas ucranianos acreditam que é pouco provável que a Ucrânia se torne membro da UE num futuro próximo [Peter Dickinson, 2016].

As razões para esta convicção são o ritmo lento das reformas na Ucrânia, a política agressiva da Rússia em relação ao nosso país, os problemas na União Europeia, etc. A Alemanha recusa-se a considerar a adesão da Ucrânia à UE como a questão mais urgente. A Alemanha recusa-se a considerar a adesão da Ucrânia à UE como a questão mais urgente. Em julho de 2016, o secretário de imprensa do Ministério dos Negócios Estrangeiros alemão voltou a referir este ponto. Afirmou que, atualmente, a perspetiva de adesão da Ucrânia à UE não faz parte da agenda do Governo federal alemão [Berlim não vê perspectivas de adesão da Ucrânia à UE num futuro previsível, 2016].

A chanceler alemã, Angela Merkel, manifestou a mesma posição em várias ocasiões. Em junho de 2016, ao falar sobre as hipóteses de a Ucrânia se tornar membro de pleno direito da UE, afirmou que "não é adequado alimentar falsas esperanças de que a Ucrânia adira à UE, uma vez que isso não está na ordem do dia" [Groysman em Berlim: Existe uma hipótese de a Ucrânia se tornar membro da UE? 2016].

Em 2014, a Ucrânia assinou o Acordo de Associação com a UE (o Acordo de Associação entre a Ucrânia, por um lado, e a União Europeia, a Comunidade Europeia da Energia Atómica e os seus Estados-Membros, por outro), que é, de facto, um programa de reforma para todas as esferas da vida pública na Ucrânia. O cumprimento deste acordo é um processo longo e árduo que, na opinião dos autores do presente documento, levará muitos anos.

A escala e a complexidade das reformas na sociedade ucraniana, a relutância da UE em se alargar e a relutância de alguns Estados-Membros da UE em ver a Ucrânia tornar-se um novo membro da UE são os principais obstáculos às aspirações europeias do nosso país, mesmo que se registem progressos significativos na implementação das reformas nacionais.

Além disso, é de notar que, embora o Acordo de Associação preveja a intensificação do diálogo e da cooperação e a promoção da convergência gradual da política de segurança, incluindo a Política Comum de Segurança e Defesa, as perspectivas de cooperação entre a Ucrânia e a UE no âmbito da Política Comum de Segurança e Defesa são muito incertas (exceto, talvez, no domínio da formação e da assistência consultiva) [Acordo de Associação, 2014].

Por conseguinte, numa decisão do Conselho Europeu sobre o Acordo de Associação de 15 de dezembro de 2016, afirma-se que o acordo confirma a cooperação com a Ucrânia no domínio da segurança, em especial no domínio da prevenção de conflitos, da gestão de crises e da não-proliferação de armas de destruição maciça, mas não contém compromissos em matéria de garantias de segurança colectiva ou outra ajuda ou assistência militar à Ucrânia [Conclusões do Conselho Europeu sobre a Ucrânia, 2016].

Vale a pena mencionar que este documento foi adotado em resposta à decisão do referendo sobre o Acordo de Associação UE-Ucrânia que teve lugar em abril de 2016 nos Países Baixos.

Outra confirmação da atitude cautelosa da União Europeia em relação à cooperação com a Ucrânia no setor da defesa é o facto de a Missão Consultiva da União Europeia na Ucrânia, que começou a trabalhar em Kiev em 1 de dezembro de 2014, estar a prestar apoio às autoridades estatais ucranianas na reforma do setor de segurança exclusivamente civil [Missão Consultiva da União Europeia].

No que diz respeito à Organização do Tratado do Atlântico Norte (NATO), é de salientar que é o único acordo internacional no espaço euro-atlântico que contém compromissos de segurança colectiva em termos de defesa comum. O artigo 5º do Tratado de Washington estipula que "um ataque armado contra um ou mais membros da NATO na Europa ou na América do Norte será considerado como um ataque contra todos eles" [Tratado do Atlântico Norte, 1949]. A adesão à NATO garante, portanto, a segurança militar dos Estados membros da organização e, para muitos países, tem sido uma fonte de compensação pela falta de recursos militares próprios necessários para garantir a sua integridade territorial e a proteção contra possíveis ataques externos.

Então, que hipóteses tem a Ucrânia de garantir a sua segurança militar aderindo à NATO? Para responder a esta pergunta, utilizaremos a fórmula proposta por Wolfgang Ischinger.

Para determinar se um país deve ser convidado a tornar-se membro da OTAN, Ischinger propõe um teste muito simples em três fases: "Existe um consenso no país em questão relativamente ao pedido de adesão à OTAN? Todos os parceiros da OTAN concordam em convidar o país? A adesão à OTAN é 18

reforçar a segurança europeia" (2015). Só se a resposta a estas três questões for positiva, como afirma com razão Wolfgang Ischinger, é que este país pode ser convidado a aderir à aliança.

No que diz respeito ao apoio dos cidadãos ucranianos à adesão à NATO, é de notar que, durante um longo período (de 2006 a 2012), este apoio não excedeu os 16%. Desde o início da atual agressão por parte da Rússia, o apoio à adesão à NATO tem aumentado constantemente e, de acordo com as últimas sondagens de opinião, atingiu 48% [Динамка сустльно-полгтичних настро!в, 2015]. De acordo com vários inquéritos sociológicos, o nível deste apoio excedeu 50% em 2017. Por conseguinte, de acordo com a sondagem realizada pela Fundação de Iniciativas Democráticas Ilko Kucheriv de 9 a 13 de junho de 2017, se tivesse sido realizado um referendo sobre a adesão da Ucrânia à NATO em junho de 2017, 69 % dos ucranianos teriam votado positivamente [Public opinion of the Ukrainian population on NATO, 2017].

Com uma campanha em curso para aumentar a sensibilização para a adesão da Ucrânia à NATO, esta percentagem de apoio pode muito bem continuar a aumentar e transformar-se em números mais convincentes.

O próprio Ischinger responde à segunda questão no seu artigo, afirmando que "devemos evitar ser arrastados para novas discussões sobre a adesão da Ucrânia à NATO" (2015).

A opinião de Ischinger poderia ser considerada pessoal, se não fosse partilhada por representantes de alguns outros Estados membros da NATO. Por exemplo, em fevereiro de 2015, antes da sua visita à Ucrânia, o então Presidente francês Hollande afirmou claramente que a França "se opunha à adesão da Ucrânia à NATO" [Олланд перед вишом в Киев, 2015].

A terceira pergunta é bastante fácil de responder. A adesão da Ucrânia à NATO significaria o envolvimento da NATO no conflito com a Rússia (devido à agressão da Rússia contra a Ucrânia e ao facto de a expansão da NATO ser mencionada na doutrina militar da Rússia como uma das principais "ameaças militares externas à Federação Russa" [Военная доктрина Российской Федерации, 2014]).

Tendo em conta o que precede, e o facto de todas as decisões da NATO serem tomadas por consenso, as perspectivas de adesão da Ucrânia à NATO num futuro próximo parecem bastante sombrias.

Ao mesmo tempo, é de notar que, ao contrário da União Europeia, a cooperação da Ucrânia com a NATO é intensa e contribui indubitavelmente para reforçar a segurança militar da Ucrânia. Na Cimeira da NATO em Varsóvia, foi sublinhado que o nível de envolvimento da NATO com a Ucrânia desde 2014, tanto a nível político como em termos de trabalho prático, não tem precedentes. A OTAN continuará a manter um diálogo político estreito no quadro da Comissão OTAN-Ucrânia e apoiará a Ucrânia na execução da sua ambiciosa agenda de reformas, nomeadamente utilizando da melhor forma o Programa Nacional Anual, o Processo de Planeamento e Análise e o Programa de Assistência Global (PAC). É de salientar que o PAC contém mais de 40 áreas em que a NATO apoiará a Ucrânia nas reformas implementadas pelo Governo ucraniano. O objetivo do PAC é consolidar e reforçar a assistência da NATO para ajudar a Ucrânia a tornar-se mais resiliente, a garantir melhor a sua própria segurança e a realizar as reformas necessárias, nomeadamente no sector da segurança e da defesa [Declaração Conjunta, 2016].

Atualmente, as consultas e a cooperação entre a NATO e a Ucrânia abrangem um vasto leque de domínios, incluindo as operações de manutenção da paz, a reforma do sector da defesa e da segurança, a cooperação entre militares, o armamento, o planeamento civil de emergência, a ciência e o ambiente e a diplomacia pública. A cooperação em muitos domínios intensificou-se para reforçar a capacidade da Ucrânia para garantir a sua própria segurança na sequência do conflito com a Rússia e dos seus esforços para implementar reformas de grande alcance [Relations with Ukraine, 2017].

O sítio Web da NATO apresenta as principais áreas de cooperação entre a Ucrânia e a Aliança. Vejamos os domínios que, na opinião dos autores, são mais relevantes para a segurança militar da Ucrânia.

Na Cimeira do País de Gales, em 2014, os Aliados acordaram em lançar programas significativamente novos para reforçar o apoio da OTAN ao desenvolvimento de capacidades e à criação de capacidades sustentáveis no sector da segurança e da defesa da Ucrânia. Foram criados seis Fundos Fiduciários, utilizando um mecanismo que permite aos Aliados e aos países Parceiros prestar apoio financeiro a projectos específicos numa base voluntária. No contexto do tema do nosso documento de investigação, os seguintes fundos merecem a maior atenção.

O Fundo Fiduciário para o Comando, Controlo, Comunicações e Informática (C4).

O Fundo Fiduciário C4 ajuda a Ucrânia a reorganizar e modernizar as suas estruturas e capacidades C4, facilita a sua interoperabilidade com a NATO para contribuir para os exercícios e operações liderados pela NATO e aumenta a capacidade da Ucrânia para assegurar a sua própria defesa e segurança.

O fundo é liderado pelo Canadá, Alemanha e Reino Unido, sendo a Agência de Informação e Comunicação da NATO o agente executor. A NATO realizou o Estudo de Viabilidade C4 para avaliar as capacidades e necessidades ucranianas com base em viagens de averiguação à Ucrânia para identificar os requisitos C4 prioritários através de consultas com as autoridades ucranianas. Um relatório final sobre as recomendações para a reforma, reorganização e modernização das Forças Armadas ucranianas e das suas capacidades C4 foi entregue em setembro de 2016.

Com base nas recomendações iniciais, foram lançados dois projectos iniciais:

O Programa Regional de Segurança do Espaço Aéreo (RASP) tem por objetivo promover a cooperação e a interoperabilidade da segurança do espaço aéreo regional com a NATO, melhorar a cooperação civil-militar interna da Ucrânia no espaço aéreo e criar uma capacidade de coordenação transfronteiriça com os aliados para gerir melhor os incidentes de segurança do espaço aéreo.

O projeto de Comunicações Tácticas Seguras - o seu objetivo é ajudar os aliados a fornecer equipamento de comunicações seguras para melhorar as capacidades de comando e controlo e de perceção situacional das forças armadas da Ucrânia.

O terceiro projeto está atualmente em curso:

Partilha de conhecimentos - o seu objetivo é fornecer às equipas de projeto C4 e aos peritos na matéria na Ucrânia conhecimentos especializados, formação, normas, melhores práticas, orientação e aconselhamento sobre temas da NATO.

O quarto projeto está atualmente em desenvolvimento:

Conhecimento situacional - O objetivo é ajudar as forças armadas a desenvolver e implementar um centro de conhecimento situacional moderno e seguro e uma capacidade de ligação em rede de missões utilizando as normas, ferramentas de software, procedimentos e formação da NATO.

Fundo Fiduciário para a Logística e a Normalização

Este fundo fiduciário tem por objetivo apoiar a reforma em curso dos sistemas logísticos e de normalização das forças armadas da Ucrânia, bem como de outras formações militares nacionais, incluindo a guarda nacional e o serviço nacional de segurança das fronteiras, se for caso disso.

Liderado pela República Checa, os Países Baixos e a Polónia, o projeto baseia-se nas conclusões da análise das lacunas da estratégia realizada em 2015.

Complementa e alinha-se com outras actividades da NATO nestes domínios, como o Processo de Planeamento e Análise, o Grupo de Trabalho Conjunto sobre Cooperação Técnica no domínio da Defesa e o Grupo de Trabalho Conjunto sobre a Reforma da Defesa.

Ao longo de um período de três anos, os objectivos do projeto serão alcançados através da implementação de três iniciativas baseadas em capacidades para apoiar desenvolvimentos a longo prazo, centradas na melhoria da capacidade de codificação nacional, na melhoria da capacidade de gestão da cadeia de abastecimento e na melhoria da capacidade de gestão da normalização.

O Fundo Fiduciário para a Ciberdefesa

Este fundo fiduciário, liderado pela Roménia, visa ajudar a Ucrânia a desenvolver capacidades técnicas estritamente defensivas para combater as ciberameaças. A assistência inclui a criação de um centro de gestão de incidentes para monitorizar os incidentes de cibersegurança e de laboratórios para investigar os incidentes de cibersegurança. O projeto inclui também uma dimensão de formação e consultoria, decorrente das necessidades das instituições ucranianas no sector da segurança e da defesa. Já foi prestada formação ao pessoal ucraniano, bem como aconselhamento sobre a elaboração de documentos de orientação, e estão a ser aplicadas outras disposições do Fundo Fiduciário. A primeira fase do projeto, concluída na primavera de 2017, será seguida de uma segunda fase.

O Fundo Fiduciário para a Reabilitação Médica

Este fundo fiduciário tem por objetivo garantir que os doentes - militares ucranianos no ativo e no ativo e pessoal civil do sector da defesa e da segurança -

tenham acesso rápido a cuidados adequados. Além disso, tem como objetivo ajudar a Ucrânia a melhorar o seu sistema de reabilitação médica para garantir a prestação de serviços sustentáveis a longo prazo.

O projeto, liderado pela Bulgária e executado pela Agência de Apoio e Aquisição da NATO (NSPA), teve início em 2015 e decorre há 24 meses.

Em junho de 2017, foi apoiada a reabilitação médica de 48 militares e 11 militares receberam próteses. Prevê-se que seja prestado apoio a mais 50 militares em 2017. Além disso, 13 militares do Ministério da Defesa receberam serviços de reabilitação profissional. Outros 80 ex-militares e 80 civis/PDI no Donbas tiveram acesso à reabilitação através do desporto. Em parceria com o projeto de reinstalação de antigos militares patrocinado pela NATO, mais de 6 000 antigos militares beneficiaram de serviços de apoio psicológico.

Cinco unidades de reabilitação médica em hospitais receberam equipamento adequado para melhorar a qualidade dos serviços. A primeira cozinha de terapia ocupacional na Ucrânia, a primeira piscina de reabilitação moderna e a primeira oficina de cadeiras de rodas numa instituição governamental foram entregues em 2016. Mais de 2 200 profissionais ucranianos de cuidados físicos e psicológicos do sector da reabilitação médica, tanto de organizações governamentais como não governamentais, beneficiaram de actividades de desenvolvimento profissional. Em parceria com o projeto de reinstalação de ex-militares patrocinado pela NATO, mais de 6000 ex-militares receberam serviços de apoio psicológico.

O fundo fiduciário também apoia o desenvolvimento de currículos universitários reconhecidos internacionalmente para protésicos/ortotistas e tecnólogos ortopédicos, profissões reconhecidas em 2016.

À primeira vista, este fundo fiduciário não afecta diretamente a capacidade da Ucrânia para resistir à agressão militar da Rússia. Mas é difícil sobrestimar a influência deste fundo no moral dos militares ucranianos. Afinal, o facto de saberem que, se forem feridos, receberão os cuidados médicos mais modernos e poderão continuar a ter uma vida plena melhora certamente o estado moral e psicológico dos soldados. No ambiente atual, este fator pode determinar não só o êxito de uma batalha ou operação, mas também a vitória na guerra.

O Programa de Melhoria da Educação para a Defesa (DEEP) é um contributo importante para o futuro das forças armadas ucranianas. Sem pessoal treinado e competente, todas as armas e equipamentos militares não podem ser utilizados de forma eficaz.

A NATO desenvolveu o programa DEEP com a Ucrânia em resposta a um pedido do Ministro da Defesa Nacional em 2012. Este programa é o maior do seu género com um país parceiro da NATO. Tem por objetivo melhorar e reestruturar os sistemas de ensino militar e de formação profissional. Centra-se, em particular, em oito estabelecimentos de ensino de defesa em Kiev, Lviv, Kharkiv, Odessa e Zhytomyr, e em cinco centros de formação para oficiais subalternos em Desna, Yavoriv, Starychi, Mykolayiv e Vasylkiv (o que inclui a restauração de algumas das capacidades da Academia Naval em Odessa).

Além disso, a DEEP presta aconselhamento sobre a gestão das academias e universidades, incluindo a ajuda aos professores no ensino e o desenvolvimento de cursos sobre liderança e tomada de decisões. O apoio tem-se centrado também no desenvolvimento da capacidade de aprendizagem eletrónica e na melhoria das competências em língua inglesa dos professores militares. Estes esforços foram alargados a outras áreas, como a organização de exercícios de simulação e cursos para instrutores de desminagem.

Desde 2017, o DEEP tem reorientado a sua assistência para o desenvolvimento de currículos nas áreas do controlo civil e democrático, gestão de pessoal, comunicação estratégica, liderança, gestão da qualidade e planeamento operacional da NATO. Na sequência de um pedido do Ministério da Defesa, o programa foi prorrogado até 2020.

A formação e a profissionalização dos soldados e dos oficiais subalternos são cruciais para o êxito da reforma global das forças armadas. A DEEP identificou quatro áreas em que está atualmente a facilitar o apoio bilateral dos aliados:

a) programa de treino básico de combate ;

b) cursos de formação de formadores para instrutores ;

c) o desenvolvimento de um sistema de carreira profissional para os oficiais subalternos; e

d) a criação de uma formação militar profissional para os oficiais subalternos.

Por razões óbvias, a **Organização do Tratado de Segurança Colectiva** (CSTO) não foi considerada neste documento como um mecanismo para garantir a segurança militar da Ucrânia. Não podemos esperar garantias de soberania de um Estado que é, ele próprio, um agressor. Para além da Rússia, dois outros membros da CSTO - a Arménia e a Bielorrússia - votaram contra a Resolução 68/262 da Assembleia Geral da ONU sobre a integridade territorial da Ucrânia.

Quando se fala em garantir a segurança militar da Ucrânia através de tratados internacionais bilaterais e multilaterais, vale a pena começar por recordar o Memorando sobre Garantias de Segurança associado à adesão da Ucrânia ao Tratado de Não Proliferação de Armas Nucleares (o "Memorando de Budapeste" de 1994). É de notar que este documento não garantia de forma alguma a segurança da Ucrânia (a forma como isso poderia ser possível é objeto de um estudo separado e não é abordado aqui).

De acordo com o memorando, a Federação Russa, o Reino Unido e os Estados Unidos "reafirmaram o seu compromisso para com a Ucrânia, em conformidade com os princípios da Ata Final da CSCE, de respeitar a independência, a soberania e as actuais fronteiras da Ucrânia" [Меморандум про гарантп безпеки, 1994]. A Rússia tem ignorado sistematicamente estas obrigações e os outros países signatários não se consideram responsáveis pela proteção da integridade territorial da Ucrânia.

A Federação Russa está também a violar a sua obrigação de se abster de utilizar armas contra a integridade territorial da Ucrânia ao anexar a Crimeia, ao armar terroristas no leste da Ucrânia e ao enviar mercenários para combater as forças governamentais ucranianas. Além disso, a Rússia violou os termos do memorando muito antes da invasão da Crimeia. Nos termos do Memorando, a Rússia comprometeu-se a abster-se de qualquer pressão económica destinada a subordinar o exercício pela Ucrânia dos direitos inerentes à sua soberania aos seus próprios interesses (vale a pena recordar aqui as numerosas guerras comerciais entre a Rússia e a Ucrânia, cujo objetivo era e continua a ser travar as aspirações europeias da Ucrânia).

Além disso, a Rússia violou as suas obrigações de respeitar a integridade territorial e a inviolabilidade das fronteiras da Ucrânia, em conformidade com documentos como o Tratado de Amizade, Cooperação e Parceria entre a Ucrânia e a Federação Russa, datado de 31 de maio de 1997, e o Acordo entre a Ucrânia e a Federação Russa sobre a Fronteira Estatal Ucraniano-Russa, datado de 28 de janeiro de 2003. [Договlр про дружбу, 1997, Договlр мlж Украшою i Росшською Федеращею про украшсько-росшський державний кордон, 2003].

Em maio de 2017, assinalaram-se 20 anos desde a assinatura do Tratado de Amizade, Cooperação e Parceria entre a Ucrânia e a Federação Russa. Atualmente, este acordo continua a ser válido tanto na Ucrânia como na Rússia. Na sequência da anexação da Crimeia pela Rússia, tem havido repetidos apelos à rutura do tratado. O tratado está em vigor desde 1 de abril de 1999 e é automaticamente prorrogado de dez em dez anos. Para o denunciar, é necessário notificar essa intenção o mais tardar seis meses antes do final de cada década. Hoje, portanto, tendo em conta a violação flagrante deste documento por parte da Rússia, a questão de saber se deve ser prorrogado em 1 de outubro de 2018 para os próximos dez anos torna-se altamente relevante.

É de notar que a Rússia está a utilizar este tratado para acusar a Ucrânia de violar o artigo VI, que obriga as partes a não celebrarem acordos com países terceiros que sejam dirigidos contra a outra parte. Os meios de comunicação social russos têm afirmado repetidamente que o Acordo de Associação UE-Ucrânia e a zona de comércio livre, que é parte integrante do acordo, são prejudiciais aos interesses da Federação Russa.

Numa conferência de imprensa realizada em dezembro de 2015, o Presidente russo Vladimir Putin (durante a qual nem sequer nomeou a Ucrânia como Estado independente, mas utilizou um termo da era soviética - "república", que na altura significava "uma república soviética irmã dentro da URSS") citou várias razões pelas quais a Rússia se retirou do regime de comércio livre com a Ucrânia no âmbito da Comunidade de Estados Independentes (2015).

Por sua vez, a Comissão Europeia publicou uma lista de mitos sobre o Acordo sobre a Zona de Comércio Livre Ucrânia-UE [Trilateral Talks on EU-Ukraine DCFTA, 2015]. Esta edição refuta de forma convincente os "argumentos" do Presidente russo. Em especial, salienta que as alegações de que o mercado ucraniano está fechado aos produtos russos porque a Ucrânia adoptou as normas da UE não correspondem à realidade. A Comissão observa que a Ucrânia já alinhou 24 regulamentos técnicos sectoriais para produtos industriais com os regulamentos da UE e que nenhuma empresa russa se queixou ainda de ter dificuldade em exportar os seus produtos para a Ucrânia devido a regulamentos técnicos.

Vale a pena notar que, durante as negociações sobre uma zona de comércio livre, a Rússia exigiu que a UE lhe fornecesse dados sobre todas as transacções relacionadas com as exportações para a Ucrânia. Em si mesma, esta exigência não tem precedentes e viola diretamente as regras da diretiva da UE relativa à proteção de dados.

A confirmação da atitude negativa e hostil da Rússia em relação à Ucrânia e à União Europeia está patente numa declaração oficial do Ministério dos Negócios Estrangeiros russo sobre a zona de comércio livre Ucrânia-UE. Eis a citação na íntegra: "Estamos a retirar os parênteses rectos em torno do mito de que o acordo de associação é lucrativo para a Ucrânia. É uma questão interna da Ucrânia fazer explodir a sua economia e subordiná-la a forças externas. Como dizem os responsáveis de Kiev e de Bruxelas, trata-se de uma "decisão soberana". Não há qualquer razão para que a Rússia tenha de pagar por esta escolha. Temos os nossos próprios interesses económicos que não temos intenção de sacrificar, especialmente para satisfazer as ambições de outros" [Bruxelas nomeou os seis "mitos" russos, 2015].

É seguro dizer que quase todas as exigências da Rússia tinham um único objetivo: atrasar a implementação do acordo de comércio livre entre a Ucrânia e a UE. Esta determinação tem como objetivo impedir a saída da Ucrânia da esfera de influência russa. Além disso, a Rússia nunca teve qualquer intenção de procurar um terreno comum nas negociações. Quando a entrada da Ucrânia no acordo se tornou inevitável, a Rússia adoptou, como sempre fez, sanções comerciais contra a Ucrânia. É importante notar que nenhum país da Comunidade de Estados Independentes (CEI), para além da Rússia, apresentou uma queixa contra a Ucrânia relativamente à entrada em vigor do acordo de comércio livre entre a Ucrânia e a UE.

Para punir a Ucrânia, a Rússia adoptou medidas que nada têm a ver com o funcionamento de uma zona de comércio livre. Em janeiro de 2016, a Federação da Rússia impôs restrições às mercadorias ucranianas transportadas através do território russo, a fim de impedir o comércio ucraniano com outros países da CEI. Em 3 de julho de 2016, por decreto, o Presidente russo introduziu restrições adicionais ao trânsito de mercadorias originárias da Ucrânia através do território russo [Decreto Presidencial de 01/07/2016]. As restrições existentes ao trânsito de mercadorias para a República do Cazaquistão foram alargadas ao trânsito para a República do Quirguizistão. Globalmente, estas acções russas visavam bloquear as condições de comércio da Ucrânia com todos os países da Ásia Central e minar completamente a economia ucraniana.

De acordo com informações oficiais do Ministério ucraniano do Desenvolvimento Económico e do Comércio, a economia ucraniana perdeu cerca de 500 milhões de dólares em consequência do bloqueio de trânsito imposto pela Rússia ao longo do ano. Isto representa uma perda adicional de 0,3% do seu PIB. Durante este período, as exportações de mercadorias para o Cazaquistão e o Quirguistão, os mercados tradicionais da Ucrânia na Ásia Central, caíram quase 44% e 47%, respetivamente [As Kyiv overcomes the consequences of the "transit war" with Russia, 2017].

Portanto, como podemos ver, a Rússia não só está a violar os compromissos internacionais, como também está a tentar distorcer a sua essência através da manipulação e do engano direto. Nestas condições, qualquer tratado entre a Ucrânia e a Rússia não faz sentido.

É necessário sublinhar que, na estratégia de política externa do Kremlin, tem sido tradicionalmente atribuído à Ucrânia o papel de um Estado nominalmente independente e, de facto, um satélite controlado da Federação Russa. Uma condição importante para a implementação desta estratégia é o estabelecimento de um regime pró-Kremlin em Kiev, cujo poder dependerá do apoio russo [Andrei Datsiuk, 2014]. Por conseguinte, a Rússia nunca tratou a Ucrânia como um país igual e não estaria interessada em estabelecer relações bilaterais iguais e honestas.

Para reforçar as premissas desta ideia, vamos analisar um artigo de Daniel Vernet (2014).

O autor leva-nos a São Petersburgo em 1994. A Fundação alemã Kerber estava a organizar uma conferência sobre as relações com a Rússia. Nessa altura, Vladimir Putin era vice-presidente da Câmara de São Petersburgo.

O protocolo da conferência regista que Putin permaneceu em silêncio durante muito tempo. De repente, decidiu falar: "Relativamente aos problemas da população de língua russa no território da antiga União Soviética, gostaria de salientar que não foram eles que invadiram as antigas repúblicas soviéticas, mas sim o governo soviético. Neste sentido, os russos tornaram-se vítimas do poder soviético da mesma forma que os outros povos da URSS. Não esquecer que, no interesse da segurança comum e da paz na Europa, a Rússia cedeu voluntariamente enormes territórios às antigas repúblicas soviéticas, incluindo territórios que historicamente sempre pertenceram à Rússia. Estes incluem não só a Crimeia e o norte do Cazaquistão, mas também a região de Kaliningrado (é difícil perceber o que o futuro Presidente da Rússia quis dizer com isto). Como resultado, 25 milhões de russos viram-se subitamente a viver no estrangeiro e a Rússia não pode permitir que estas pessoas sejam deixadas à sua sorte, uma vez que isso é também do interesse da segurança na Europa".

Putin tem vindo a alimentar o seu projeto geopolítico há pelo menos 20 anos, como mostra a reportagem de 1994 do jornal Frankfurter Allgemeine am Sonntag. Já estava a pensar na Crimeia, e "não só" nela. Proteger a população de língua russa, "onde quer que ela esteja", já era uma prioridade para ele. Na altura, os seus comentários não chamaram a atenção. Era um político de segunda categoria e ninguém podia imaginar que um dia pudesse concretizar a sua obsessão pela política.

Ao mesmo tempo, devemos prestar atenção às recentes indicações de que a anexação da Crimeia e a intervenção no sudeste da Ucrânia não foram decididas subitamente em resposta a uma situação imprevista. Pelo contrário, estas medidas tinham sido cuidadosamente preparadas, ainda que o momento da sua aplicação tenha sido ditado pelas circunstâncias.

Em 2012, Vladimir Putin nomeou o general do exército Valerii Gerasimov como chefe do Estado-Maior. No final de janeiro de 2013 (ou seja, um ano antes do conflito na Ucrânia), fez um discurso sobre os novos objectivos do Estado-Maior e, em particular, sobre o conceito russo de guerra "não linear" (os americanos falam de guerra "híbrida").

Como observou o General Gerasimov, a linha divisória entre a guerra e a paz está a desaparecer gradualmente, as guerras modernas não são travadas abertamente, as tarefas atribuídas não podem ser executadas apenas pela força das armas, mas envolvem a utilização de meios políticos, económicos, humanitários e de desinformação. As operações militares devem ser levadas a cabo de forma dissimulada, com a ajuda de forças especiais e não de destacamentos do exército permanente. Esta abordagem foi utilizada na Crimeia e no sudeste da Ucrânia.

As tropas russas tinham sido objeto de um treino especial. Em setembro de 2013, Moscovo realizou os exercícios militares *Zapad* ("Oeste") na região de Kaliningrado, na fronteira com os Estados Bálticos e a Bielorrússia. De acordo com os números oficiais, 12 900 soldados participaram nas manobras, o que é ligeiramente inferior ao limite que exigiria a presença de observadores estrangeiros ao abrigo dos acordos da OSCE. Mas, de facto, não há dúvida de que o número real de tropas envolvidas nos exercícios foi três vezes superior ao anunciado.

O objetivo oficial destes exercícios era proteger o território do país contra "bandos ilegais". Estes grupos armados teriam entrado na Rússia a partir do território lituano para ajudar os seus compatriotas que estavam a ser reprimidos na Bielorrússia (na realidade, uma minoria lituana reside na Bielorrússia). "Neste cenário, as unidades russas desempenharam o papel de agressor e puderam pôr em prática os conhecimentos adquiridos durante a intervenção na Crimeia e no Donbas", disse Stephen Blank, um perito americano sobre a Rússia.

Um dos principais erros cometidos pelo Ocidente face à política revisionista da Rússia é não tomar pelo valor nominal as palavras do dirigente russo, que nem sequer tenta esconder as suas verdadeiras intenções. E assim as suas declarações, aparentemente apenas ruidosas, transformam-se numa realidade trágica e perigosa.

É de salientar que os apelos à proteção da população de língua russa na Ucrânia (por mais ridículos que sejam) têm sido constantemente ouvidos e continuam a ser repetidos a todos os níveis da Federação Russa. A Rússia utiliza este argumento para justificar a sua pressão sobre a Ucrânia. Conhecemos o preço real dessa proteção: milhares de pessoas mortas no leste da Ucrânia, mais de um milhão de deslocados internos, milhares de feridos, infra-estruturas e economia destruídas.

No que respeita à conveniência de a Ucrânia se retirar do Tratado de Amizade, Cooperação e Parceria entre a Ucrânia e a Federação Russa, é de notar que, mesmo que a Ucrânia se retirasse deste tratado, a Rússia não poria fim à guerra nem cessaria as suas tentativas de interferir nos assuntos internos da Ucrânia. Ao mesmo tempo, a Ucrânia pode usar os factos de violação das disposições do tratado perante os tribunais internacionais contra o agressor.

Vale a pena voltar ao já referido Memorando de Budapeste. A agressão russa contra a Ucrânia chamou a atenção para este documento, tanto na Ucrânia (no contexto da realidade das garantias internacionais da soberania do Estado) como no estrangeiro.

No seu livro sobre a história das relações diplomáticas entre os EUA e a Ucrânia, The Eagle And The Trident U.S.-Ukraine Relations In The Turbulent Times, o antigo embaixador dos EUA na Ucrânia, Steven Pifer, argumenta que as armas nucleares, se deixadas pela Ucrânia, se teriam tornado um fardo insuportável para o seu orçamento [Yaryna Matviichuk, 2017]. Segundo ele, a Ucrânia não tinha as infra-estruturas necessárias para possuir armas nucleares. A sua criação exigiria vários milhares de milhões de dólares.

Se a Ucrânia tivesse mantido as suas armas nucleares, ver-se-ia isolada, não haveria parceria estratégica com os Estados Unidos, não haveria convites para a Casa Branca, os líderes ucranianos provavelmente não seriam desejados na Europa, não haveria uma discussão especial sobre a cooperação com a NATO, não haveria um acordo de associação nem uma cooperação geral com a União Europeia. E se, nesse caso, a Ucrânia tivesse pedido um empréstimo a juros baixos ao Banco Mundial ou ao FMI, os representantes de cada Estado membro destas instituições teriam votado contra. Em consequência, Pifer observa que a Ucrânia teria pago um elevado preço económico e político pelas suas armas nucleares.

O antigo embaixador afirma abertamente que os Estados Unidos não tinham qualquer intenção de dar garantias de segurança à Ucrânia. Pifer recorda que, em janeiro de 1994, em Moscovo, ele e os chefes das delegações ucraniana e russa se reuniram à volta de uma mesa para discutir os termos "garantias" e "assurances". Nas versões ucraniana e russa do memorando, é utilizado o termo "garantia". De acordo com as memórias do embaixador, este afirmou que era necessário acordar no papel que a palavra "guarantees" na versão inglesa do documento deveria ser entendida como "assurances". Isto era importante para os Estados Unidos, porque a palavra "garantias" implica uma obrigação, quer para com os membros da OTAN quer para com o Japão.

Como salienta Pifer, foi explicado aos ucranianos que, em caso de violação do memorando, os Estados Unidos não estavam dispostos a dar garantias militares à Ucrânia, como fazem, por exemplo, para os membros da NATO. Isto foi entendido em Kiev, foi a sua escolha", diz o Sr. Pifer. É preciso sublinhar que a Ucrânia se encontrava numa situação complicada, o que facilitou a tentativa dos Estados Unidos e da Rússia de a obrigarem a desfazer-se das suas armas nucleares. Só este facto e a inexperiência da jovem diplomacia ucraniana podem explicar o facto de a Ucrânia não ter recebido qualquer garantia de segurança em troca do abandono do arsenal nuclear que fez do país a terceira maior potência nuclear do mundo.

O ex-senador norte-americano Richard Lugar, que desempenhou um papel fundamental no desarmamento nuclear da Ucrânia, também salientou que o Memorando de Budapeste não afirmava especificamente que a força militar seria utilizada para garantir a segurança da Ucrânia. E, em geral, o documento não especificava certamente o que seria feito para proteger a soberania da Ucrânia [Myroslava Gongadze, Dmytro Savchuk, 2016]. Questionado pelos jornalistas sobre se a Ucrânia poderia exercer mais pressão sobre os Estados Unidos e obter acordos mais fortes sobre as garantias de segurança da Ucrânia, o antigo senador respondeu que os líderes dos Estados Unidos e da Ucrânia não tinham querido discutir esta questão no Senado, não tinham querido um debate, não tinham querido redigir um tratado que seria difícil de ratificar. Talvez tenham sentido que, se o Senado tivesse votado contra o tratado, teria sido muito pior e teria minado a credibilidade do documento.

Atualmente, a opinião mais generalizada sobre o memorando na Ucrânia é que o Estado ucraniano foi trivialmente enganado e utilizado em benefício de outrem. O Memorando de Budapeste foi descrito de forma semelhante por dois presidentes ucranianos - Leonid Kravchuk e Leonid Kuchma - que tinham estado envolvidos no processo de desarmamento nuclear da Ucrânia. O resultado do acordo foi não só que a Ucrânia permaneceu impotente face à agressão russa, mas também que sofreu enormes perdas económicas. De acordo com um estudo, a Ucrânia entregou à Rússia bens materiais no valor de mais de 100 mil milhões de dólares [Kostenko, Yuriy, p. 417]. O objetivo do presente documento não é responder à questão de saber por que razão isto aconteceu. A história do Tratado de Não Proliferação de Armas Nucleares interessa-nos no contexto da garantia da segurança militar da Ucrânia através de tratados internacionais bilaterais e multilaterais.

Do exposto resulta claro que, se em 1994 os Estados Unidos não estavam dispostos a assinar um documento abrangente que garantisse a proteção da soberania da Ucrânia, não se deve esperar que o façam nas condições da anexação da Crimeia pela Rússia e da guerra no Leste. Da mesma forma, os ucranianos não devem esperar que a Ucrânia obtenha o estatuto de grande aliado dos Estados Unidos fora da NATO.

Em abril de 2017, o Secretário de Estado dos EUA, Rex Tillerson, levantou a questão na reunião ministerial dos Negócios Estrangeiros do G-7: porque é que os contribuintes dos EUA se devem preocupar com a guerra na Ucrânia?

Recebeu uma resposta do Presidente do Conselho de Relações Externas, Richard Haass [USA Today, 2017]. Discutiu também o desarmamento nuclear da Ucrânia e o Memorando de Budapeste.

Dado que as opiniões de Richard Haass estão de acordo com as convicções de um grande número de cidadãos ucranianos relativamente ao compromisso dos Estados Unidos para com a Ucrânia (independentemente do que Steven Pifer e Richard Lugar tenham dito, talvez não sem razão do seu lado), vamos apresentar as suas palavras na íntegra.

responder.

"Em primeiro lugar, a invasão russa da Ucrânia, incluindo a tomada da Crimeia e a interferência contínua nas regiões orientais do país, viola o princípio mais fundamental das relações internacionais, nomeadamente que as fronteiras entre países não devem ser alteradas pelo uso da força militar. Foi o que Saddam Hussein tentou fazer no Kuwait em 1990, e o que a Alemanha de Hitler tentou fazer antes e durante a Segunda Guerra Mundial. O respeito por este princípio é a base da paz e da ordem no mundo.

Uma segunda razão prende-se com a Rússia em particular. A Rússia de Putin é uma potência unidimensional. A sua influência está ligada à sua capacidade de dominar os outros através do uso da força, seja ela militar, cibernética ou ligada às exportações russas de petróleo e gás. É importante que Putin não conclua que o uso continuado da força é uma via viável para tornar a Rússia novamente grande. Se o fizer, continuará a invadir, a coagir e a interferir.

O historial nuclear da Ucrânia é outro motivo de preocupação. Em tempos, foi parte integrante da União Soviética, e muitas das ogivas nucleares da União Soviética estavam aí localizadas. Na altura do desmembramento da União Soviética, temia-se que muitos dos novos Estados independentes que tinham emergido da antiga União Soviética se tornassem Estados com armas nucleares. Isto teria aumentado o número de países que possuíam armas nucleares e as hipóteses de estas caírem nas mãos de terroristas.

A Ucrânia desmantelou voluntariamente as suas ogivas nucleares como parte do acordo de 1994 com os Estados Unidos, o Reino Unido e a Rússia. Mas a subsequente perda da Crimeia para os russos envia uma mensagem terrível a outros líderes: desistir de armas nucleares pode ser perigoso para a sua vida e para a integridade territorial do seu país. O facto de o Iraque e a Líbia terem sido invadidos depois de terem abandonado os seus programas nucleares - e de uma Coreia do Norte com armas nucleares não ter sido atacada - é uma lição que ninguém perdeu.

E isso leva-nos a uma quarta razão pela qual os americanos devem estar preocupados. Ao abrigo do acordo de 1994, o Memorando de Budapeste, a Ucrânia recebeu numerosas garantias de segurança. Não se tratava de um tratado de defesa - a Ucrânia não se tornou membro da NATO - mas a intenção era clara: a Ucrânia deveria abandonar as suas armas nucleares, mantendo-se segura. Esta garantia acabou por não ter qualquer significado. A palavra de um país é o seu compromisso, e sempre que os Estados Unidos quebram a sua palavra, encorajam os adversários a desafiar-nos e os amigos a seguir o seu próprio caminho. Em ambos os casos, o mundo perde estabilidade e a influência dos Estados Unidos diminui.

A boa notícia para os contribuintes americanos é que o seu país pode dar-se ao luxo de se interessar pela Ucrânia e por muitas outras questões internacionais. É verdade que os EUA gastam muito em defesa, cerca de 600 mil milhões de dólares por ano. Mas isso representa pouco mais de 3% da produção económica, muito abaixo da média das décadas da Guerra Fria.

Igualmente importante é o facto de as despesas no estrangeiro não serem dinheiro deitado fora. Como aprendemos no 11 de setembro, como aprendemos com o Zika e o Ébola, e como aprendemos quando a Rússia pirateou os nossos computadores durante a campanha presidencial, nada permanece local por muito tempo num mundo global e interligado. O que vem do estrangeiro ou acontece lá chegará rapidamente aqui, para o bem ou para o mal.

O Presidente Trump fez campanha com o tema "América em primeiro lugar", e é verdade que este país enfrenta enormes desafios internos. Mas fazer menos no mundo não é a resposta para cuidados de saúde deficientes e escolas públicas medíocres. Os americanos já gastam mais em educação e saúde do que a maioria dos outros países. O problema é a forma como o gastamos, que é decidida pelos nossos líderes, que nós escolhemos. Ignorar o que está a acontecer na Ucrânia ou em qualquer outra parte do mundo não nos vai tornar mais inteligentes, mais saudáveis ou mais ricos, mas vai tornar-nos menos seguros".

Ninguém está a considerar seriamente um estatuto de não-alinhamento ou de neutralidade como forma de neutralizar as ameaças militares à Ucrânia. Académicos estrangeiros (por exemplo, Henry Kissinger [Jacob Heilbrunn, 2015]) consideraram ocasionalmente esse estatuto para a Ucrânia. Mas estas decisões não são consideradas em termos de garantias para a integridade territorial e a independência do nosso país. De facto, estas propostas têm como objetivo apaziguar a Federação Russa e reconhecer a Ucrânia como parte da esfera de interesses russa.

Eis a definição de neutralidade [Encyclopaedia Britannica Online Academic Edition].

A neutralidade é o estatuto jurídico resultante da abstenção de um Estado de qualquer participação numa guerra entre outros Estados, da manutenção de uma atitude de imparcialidade em relação aos beligerantes e do reconhecimento pelos beligerantes dessa abstenção e dessa imparcialidade. Em direito internacional, este estatuto jurídico dá origem a determinados direitos e deveres entre o Estado neutro e os beligerantes.

As leis relativas aos direitos e deveres de um Estado neutro constam, na sua maior parte, da Declaração de Paris de 1856, da Convenção V de Haia de 1907 (neutralidade nas guerras terrestres) e da Convenção XIII de Haia de 1907 (neutralidade nas guerras marítimas). Uma das primeiras recomendações desta última convenção foi a de que, em caso de guerra entre certas potências, cada nação que desejasse não se envolver deveria normalmente emitir uma declaração especial ou geral de neutralidade. No entanto, tal declaração não é exigida pelo direito internacional. Um Estado neutro pode, no decurso das hostilidades, revogar, alterar ou modificar a sua posição de neutralidade, desde que tais modificações sejam aplicadas sem preconceitos a todos os beligerantes.

O direito mais importante resultante de um estado de neutralidade é o direito à integridade territorial. Os beligerantes não podem utilizar o território de um Estado neutro como base de operações nem nele participar em hostilidades. Este direito aplica-se não só ao território e às águas neutras, mas também ao espaço aéreo sobre esse território. De acordo com as regras de Haia de 1923 sobre a guerra aérea (que nunca se tornaram juridicamente vinculativas), os países neutros têm o direito de defender o seu espaço aéreo contra a passagem de aeronaves beligerantes. No entanto, o aparecimento de mísseis balísticos e satélites espaciais como meios de guerra levantou questões sobre a extensão das fronteiras aéreas de um Estado.

Um Estado neutro tem também o direito de manter relações diplomáticas com outros Estados neutros e com beligerantes; o direito de exigir o cumprimento dos seus regulamentos nacionais destinados a garantir a sua neutralidade; e o direito de exigir que os beligerantes não interfiram nas actividades comerciais dos seus cidadãos, a menos que essa interferência seja justificada pelo direito internacional.

Os acontecimentos da Primeira e da Segunda Guerras Mundiais prenunciaram o colapso de alguns dos conceitos fundamentais da neutralidade. Com a invasão alemã da Bélgica (1940), a invasão italiana da Grécia (1940), a ocupação britânica da Islândia (1940) e a adoção pelos Estados Unidos da Lend-Lease Act (1941), as regras tradicionais de neutralidade deixaram de ser viáveis. Em meados do século XX, o direito da neutralidade conheceu novos desenvolvimentos.

A natureza total da guerra moderna, com a sua utilização de meios de guerra económicos e técnicos, reduziu consideravelmente a liberdade tradicional de um Estado neutro.

De acordo com as disposições da Carta das Nações Unidas, a neutralidade, enquanto estatuto jurídico permissivo, desaparece para os membros que são "solicitados" ou obrigados pelo Conselho de Segurança, em casos específicos, a empreender uma ação militar ou outra ação coerciva contra um agressor [artigos 41° e 48°].

A socialização das economias nacionais pode levar a uma redução do comércio neutro; muitas empresas comerciais que anteriormente podiam negociar com os beligerantes como comerciantes privados já não o podem fazer legalmente como empresas estatais.

Um Estado neutro é aquele que, independentemente do curso dos acontecimentos, dispõe de forças suficientes para defender os seus interesses nacionais. Só uma Suíça extremamente rica (Suécia e Finlândia com algumas reservas) se pode dar ao luxo de não aderir a nenhum dos blocos militares existentes, de ter à sua disposição reservistas treinados e as mais modernas armas e equipamento militar, e de poder cumprir as tarefas de proteção do seu território. Mas, nas condições actuais, mesmo estes factores podem não ser suficientes para a implementação bem sucedida da política de neutralidade armada.

Ao considerar e analisar a experiência da neutralidade como modelo para a Ucrânia, vale a pena ter também em conta os exemplos dos dois países da antiga URSS - Moldávia e Turquemenistão [Safety of the transition period. Como resistir à agressão com recursos limitados, 2016].

A Moldávia não só declarou unilateralmente a sua neutralidade permanente, como também consagrou esta disposição na sua Constituição. Fê-lo precisamente para forçar a Federação Russa a retirar as suas tropas e armamento da Transnístria. No entanto, apesar destas acções unilaterais de Chisinau, o Kremlin continuou a violar a integridade territorial e a soberania da Moldávia. No final da década de 2000, Chisinau chegou mesmo a propor o reforço da neutralidade permanente da Moldávia através do reconhecimento internacional deste estatuto. No entanto, a Federação Russa recusou esta oferta através de canais informais. O exemplo da Moldávia confirma claramente que a neutralidade constante não pode impedir ou eliminar as consequências das acções agressivas de outro Estado.

Um exemplo único é o Turquemenistão, que aprovou pela primeira vez uma neutralidade coerente a nível legislativo nacional e, em dezembro de 1995, a Assembleia Geral das Nações Unidas adoptou uma resolução que reconhecia e apoiava o novo estatuto internacional e político do país. A resolução apelava igualmente aos outros Estados membros da ONU para que respeitassem e apoiassem o estatuto de neutralidade do Turquemenistão. Mas esta prática de reconhecimento do estatuto de neutralidade através de uma resolução da Assembleia Geral da ONU tornou-se um fenómeno único. Uma resolução da Assembleia Geral da ONU não cria mecanismos eficazes para garantir o estatuto de neutralidade do Turquemenistão. Num contexto de crescente desestabilização no Afeganistão, será levantada a questão do envolvimento de actores externos para combater os Talibãs. Este facto, por sua vez, levantará a questão da capacidade do Turquemenistão para prosseguir a sua política de neutralidade.

Gostaríamos de sublinhar que o anterior estatuto da Ucrânia como país não alinhado não protegeu o país da agressão externa da Rússia. O estatuto de neutralidade não garante a integridade territorial do nosso país, dada a violação brutal do direito internacional por parte da Rússia.

Não esqueçamos que a Rússia violou os princípios fundamentais do direito internacional, contidos na Carta das Nações Unidas ("Todos os membros abster-se-ão, nas suas relações internacionais, de ameaçar ou usar a força contra a integridade territorial ou a independência política de qualquer Estado") e na Ata Final da Conferência sobre Segurança e Cooperação na Europa ("Os Estados participantes respeitam a integridade territorial uns dos outros. Consequentemente, abster-se-ão de qualquer ação incompatível com os objectivos e princípios da Carta das Nações Unidas contra a integridade territorial, a independência política ou a unidade de qualquer Estado participante e, em especial, de qualquer ação que constitua uma ameaça ou o uso da força. Os Estados participantes abster-se-ão igualmente de fazer do território do outro Estado objeto de ocupação militar ou de outras medidas de força, directas ou indirectas, em violação do direito internacional, ou de aquisição através de tais medidas ou da ameaça de tais medidas. Nenhuma ocupação ou aquisição deste tipo será reconhecida como legal").

Pode argumentar-se que as acções da Federação Russa destruíram todo o sistema de segurança internacional criado após o fim da Segunda Guerra Mundial.

A grande maioria dos peritos nacionais ucranianos considera que o reforço da defesa ucraniana é a única garantia da segurança militar da Ucrânia.

De acordo com os resultados de um inquérito sociológico realizado na Ucrânia em abril de 2017, as forças armadas gozam do mais elevado nível de confiança entre outras instituições sociais ucranianas - 70% dos inquiridos confiam nelas total ou parcialmente [IRi/ninkov Center, 2017].

As prioridades para a formação e o desenvolvimento do sector da segurança e da defesa, que se destinam a dar uma resposta adequada e flexível às ameaças à soberania da Ucrânia, estão enumeradas na estratégia de segurança nacional e na doutrina militar da Ucrânia. Não é necessário referirmo-nos neste artigo a estes documentos (que, na opinião dos autores do presente documento, foram devidamente preparados e têm em conta uma condição particular da segurança internacional). Tentemos perceber como é que a capacidade da Ucrânia lhe permite fazer das suas forças armadas, acima de tudo, um garante fiável da integridade territorial do país.

Gostaríamos de salientar que, desde os primeiros dias da independência da Ucrânia, a defesa do nosso país não tem sido uma preocupação prioritária para todos os Chefes de Estado e de Governo, sem exceção. A chamada "reforma" das forças armadas ucranianas, em vez de criar uma estrutura militar óptima capaz de responder eficazmente aos vários desafios da segurança nacional, resultou, de facto, na redução e quase destruição do exército.

Nas audições parlamentares "sobre o estado e as perspectivas da organização militar e do sector da segurança na Ucrânia", realizadas em maio de 2012, Anatoly Hrytsenko (também ministro da Defesa de 2005 a 2007), então presidente da comissão parlamentar de segurança e defesa nacional, sublinhou o seguinte: "A situação no exército está próxima do desastre. O corpo de oficiais está desmoralizado. As forças armadas não são capazes de desempenhar plenamente as suas tarefas, mesmo em tempo de paz; o exército não tem batalhões prontos para o combate, a força aérea não tem destacamentos totalmente eficazes, a marinha não tem esquadrões navais capazes de desempenhar corretamente todas as suas missões" [Парламентсью слухання, 2012].

Em 2016, a Procuradoria-Geral da Ucrânia abriu uma série de processos penais por incapacitação das forças armadas ucranianas e apropriação indevida de bens do exército. De acordo com o Procurador-Geral, 832 tanques, 232 helicópteros, 202 aviões, 4 930 veículos, 28 555 mísseis e munições de artilharia, 1 824 000 armas ligeiras foram vendidos entre 2005 e 2014 [Interfax-Ucrânia, 2016]. Não é exagero dizer que tais acções, para além de reduzirem a prontidão de combate, levaram à disseminação da corrupção nas forças armadas e minaram o moral do pessoal militar.

Atualmente, a situação da defesa é muito melhor. Em julho de 2017, o Centro de Estudos Orientais publicou um relatório sobre as mudanças nas forças armadas ucranianas e divulgou-o sob o título "O melhor exército que a Ucrânia alguma vez teve".

[Andrzej Wilk, 2017].

O estudo refere que a verdadeira face das forças armadas ucranianas foi revelada pela anexação da Crimeia pela Rússia e pelas primeiras semanas da guerra no Donbas - não passavam então de uma estrutura fossilizada, incapaz de qualquer função efectiva, mesmo num envolvimento mínimo com o inimigo, durante o qual uma proporção significativa das tropas só se apercebeu de quem eram durante o conflito.

A guerra no Donbas moldou o exército ucraniano. Sensibilizou e motivou os soldados e obrigou os dirigentes do Ministério da Defesa e do governo a modificar a estrutura do exército - pela primeira vez desde a sua criação - de acordo com as necessidades operacionais reais e a suportar o custo de travar os colapsos na formação e no equipamento, pelo menos na medida em que permitiria ao exército travar uma batalha renhida contra os separatistas pró-russos. Apesar de todos estes problemas, em 2017, as forças armadas ucranianas contavam com 200 000 efectivos, a maior parte dos quais tinha participado em operações e estava endurecida em combate. Dispõem de uma reserva treinada, pronta a ser mobilizada em caso de um conflito de maiores dimensões; as suas armas não são as mais recentes nem as mais modernas, mas a grande maioria funciona corretamente; e estão prontas a defender os interesses vitais do país (mesmo que alguns dos efectivos continuem a preocupar-se sobretudo com os seus próprios interesses). Não têm qualquer hipótese de vencer um eventual confronto militar com a Rússia, mas têm algo por que lutar. Em 2014, as forças armadas ucranianas, numa situação em que o seu território foi ocupado por tropas estrangeiras, não foram capazes de organizar uma resposta adequada. As mudanças que ocorreram desde a guerra no Donbas significam que a Ucrânia tem atualmente o melhor exército que alguma vez teve na sua história.

Assim, a agressão russa na Crimeia e no leste da Ucrânia obrigou os dirigentes do país a voltarem a sua atenção para a reconstrução das forças armadas.

Nos últimos três anos, a empresa estatal Ukroboronprom (que reúne mais de 100 empresas - intervenientes em cinco sectores principais da indústria da defesa, nomeadamente no desenvolvimento e fabrico de armamento e equipamento militar, investigação científica e operações de importação-exportação) forneceu ao exército ucraniano quase 16 000 peças de armamento e equipamento militar. Em 10 de julho de 2017, o Presidente da Ucrânia assinou um decreto segundo o qual um montante adicional de 9,5 mil milhões de UAH (quase 350 milhões de dólares) foi retirado do fundo estatal especial para a aquisição de armas e equipamento militar e a produção de munições necessárias às Forças Armadas ucranianas [Decreto do Presidente da Ucrânia n.º 183/2017, 2017]. Este montante de financiamento para necessidades semelhantes é dez vezes superior ao registado em 2013.

Ao mesmo tempo, é de notar que, apesar das realizações significativas, o sector da segurança e da defesa da Ucrânia tem problemas que exigem esforços e tempo consideráveis para serem resolvidos. Em outubro de 2016, foi publicado um relatório da RAND Corporation. A investigação foi efectuada em resposta a um pedido da Administração do Presidente da Ucrânia e em conjunto com o Conselho Nacional de Segurança e Defesa da Ucrânia. Gostaríamos de salientar que este relatório foi realizado no outono de 2015 e apresenta uma série de recomendações para a reforma das instituições de segurança e defesa da Ucrânia [Security Sector Reform in Ukraine. The RAND Corporation, 2016].

Eis os principais pontos das conclusões do relatório. O relatório centra-se em dois grupos de problemas no sector da segurança e da defesa da Ucrânia:

1. **Os papéis e as responsabilidades neste domínio não são claros.**

Os papéis e as responsabilidades do Presidente e do Gabinete do Ministro são ambíguos e as relações com o Gabinete do Ministro são difíceis.

Existem lacunas e sobreposições nas funções desempenhadas pelo Ministério da Defesa e pelo Estado-Maior.

O controlo civil continua a ser fraco abaixo do nível do Presidente e do Gabinete de Ministros. Os regulamentos e a cultura organizacional tendem a empurrar as decisões de rotina pelo menos para o nível de vice-ministro, contribuindo para uma cultura de fuga às responsabilidades.

2. **Falta de coordenação em todo o sector**

Na Ucrânia, os ministérios e as agências funcionam de forma independente, com pouca responsabilidade ou coordenação. Dispõem dos seus próprios recursos, tomam as suas próprias decisões e definem as suas próprias tarefas.

A partilha de informações não é coerente. Os diferentes ministérios ou agências não conseguem concentrar-se e, em vez disso, investem as suas actividades numa vasta gama de capacidades.

A tomada de decisões é frequentemente adiada para os níveis mais elevados, o que tem o efeito de sobrecarregar os funcionários públicos superiores.

As organizações destinadas a coordenar os ministérios e as agências são fracas ou ineficazes.

Com base nas lacunas identificadas, o relatório propõe as seguintes recomendações:

Definir as responsabilidades e os poderes dos líderes do sector da segurança. O Presidente deve ser responsável pela defesa da Ucrânia contra as ameaças à sua soberania e independência. As responsabilidades presidenciais abrangem o comando e o controlo das operações militares e o controlo político do Ministério da Defesa e do Estado-Maior. O Ministro da Defesa deve ser um alto funcionário responsável pelo desenvolvimento e implementação da política de defesa do governo ucraniano; a cadeia de comando deve ir do Presidente ao Ministro da Defesa, ao chefe das forças de defesa e ao comando operacional conjunto.

Melhorar a coordenação no seio do Governo, alargando as responsabilidades do Conselho Nacional de Segurança e Defesa da Ucrânia de modo a incluir a execução das decisões do Presidente, alargando o papel do Comité Misto de Informações, criando uma nova estrutura de cibersegurança e defesa sob a égide do Comité Misto de Cibersegurança e criando um comité para coordenar a ajuda externa à defesa.

Reduzir a dimensão do Serviço de Segurança da Ucrânia e clarificar e restringir os seus poderes enquanto organização de informações internas, mantendo simultaneamente a responsabilidade por determinadas actividades de aplicação da lei em coordenação com outras agências.

Atribuir ao Ministro da Defesa o papel de principal conselheiro civil do Presidente, do Primeiro-Ministro e do Parlamento ucraniano em matéria de política de defesa; reorganizar o Ministério da Defesa em novos departamentos com funções claramente definidas, a fim de evitar a ineficiência; criar o cargo de Chefe das Forças de Defesa como principal conselheiro militar do Ministro da Defesa e do Presidente; e criar o Comando Operacional Conjunto, a fim de centralizar a responsabilidade pelas operações militares em curso.

Por uma questão de equidade, importa sublinhar que estes comentários e propostas não ficaram apenas no papel. Como salientou o Vice-Chefe da Administração do Presidente da Ucrânia, Dmytro Shymkiv, as recomendações da RAND tornaram-se a base da maioria dos documentos estratégicos de defesa, da reforma da segurança e da defesa, da estratégia de ciberdefesa e de um boletim estratégico de defesa apresentado na cimeira da NATO em Varsóvia, no verão de 2016 (2017). A aplicação destes documentos demonstrará a determinação e a capacidade das autoridades ucranianas para promover reformas no domínio da segurança e da defesa.

Até que ponto a Ucrânia pode agora fazer frente à Rússia num confronto militar? Para responder a esta pergunta, vamos comparar as despesas de defesa dos dois países, utilizando o Jane's Military & Security Assessments (2017).

É de salientar que é difícil avaliar o orçamento russo, uma vez que as necessidades das forças armadas russas podem ser financiadas a partir de muitas contas, incluindo as receitas das vendas militares ao estrangeiro. O financiamento das forças armadas encontra-se principalmente na rubrica orçamental da defesa nacional; no entanto, sabe-se que também é retirado do orçamento da economia nacional, enquanto as obrigações em matéria de pensões militares estão incluídas no orçamento da segurança social. Além disso, estes fundos são apoiados por muitos outros programas mandatados pelo governo federal.

Orçamento da defesa ucraniano

Orçamento total da defesa	2014	2015	2016	2017
Constante de 2017, em milhares de milhões de USD	1.866	2.446	2.595	2.605
Constante 2017 mil milhões de euros	46.168	60.533	64.223	64.467
Número total de forças regulares	175,000	190,000	200,000	200,000
do PIB	1.71	2.49	2.61	2.56

Orçamento russo para a defesa

Orçamento total da defesa	2014	2015	2016	2017
Constante de 2017, em milhares de milhões de USD	51.146	61.065	72.404	46.340
Constante 2017 mil milhões de euros	3,130.144	3,737.220	4,686.706	2,836.000
Número total de forças regulares	980,119	958,556	936,510	914,033
do PIB	3.19	3.95	4.71	2.99

Como se pode ver, a Rússia ultrapassa de longe a Ucrânia em termos de despesas totais com a defesa e de número de efectivos militares.

Vale a pena prestar atenção a um estudo efectuado pela Global Firepower, que avalia anualmente o potencial militar de mais de 100 países (2017).

O método de avaliação tem em conta mais de 50 factores, incluindo os custos de defesa, o poder aéreo e naval, a extração de recursos naturais e as características logísticas dos países (ou seja, o número de portos marítimos e aeroportos em funcionamento, a extensão total das estradas, etc.). Os recursos humanos desempenham um papel importante no cálculo do resultado final. É também de salientar que a classificação não tem em conta a potência nuclear dos países e que os países com grandes populações tendem a ocupar uma posição mais elevada. Assim, por um lado, as nações sem litoral não são penalizadas pela ausência de marinha e, por outro lado, as potências navais são penalizadas pela falta de diversidade dos recursos disponíveis.

Os Estados Unidos provaram ser o líder militar do mundo, com parâmetros como o maior orçamento militar e o maior número de porta-aviões e aviões.

A Rússia está em segundo lugar e a Ucrânia é o 30º Estado militar mais poderoso do mundo. Embora todos os tipos de classificações possam ser criticados, é difícil argumentar com o facto de, em geral, reflectirem bastante bem a situação real. É claro que o 30º lugar entre 133 Estados é um bom resultado para a Ucrânia, mas não pode de forma alguma ser comparado com o da Federação Russa. Ao mesmo tempo, os analistas e jornalistas ucranianos, ao examinarem esta classificação, tentaram responder à questão que tem preocupado muitos cidadãos: Porque é que em 2011, quando não havia guerra e as forças armadas estavam de facto arruinadas, o lugar da Ucrânia na classificação era mais alto - 21.º lugar? [Irina Sampan, 2017].

Em primeiro lugar, um grande número de armas foi vendido, outra parte foi desactivada e a terceira foi destruída ou danificada durante os combates no leste da Ucrânia. Um dos principais pontos fracos da avaliação diz respeito aos indicadores quantitativos que são importantes para os compiladores da classificação. Por exemplo, depois de ocupar a Crimeia, a Rússia não devolveu alguns dos equipamentos e armas militares ucranianos aí armazenados. Em 2015, o Ministério da Defesa ucraniano informou que o exército russo tinha apreendido quase cinco mil peças de equipamento das forças armadas ucranianas e, em 2014, apenas 2.036 mil peças foram devolvidas à Ucrânia a partir da Crimeia ocupada. Este é outro ponto fraco que afectou a classificação.

Além disso, o orçamento da defesa da Ucrânia expresso em moeda nacional - a hryvnia - aumentou, mas os autores da nota registam as despesas militares em dólares americanos. Nos últimos quatro anos, o valor da hryvnia triplicou. Dada a sua capacidade financeira limitada, o Ministério da Defesa tem de escolher áreas prioritárias para o desenvolvimento do exército ucraniano. Por exemplo, a marinha ucraniana recebe um financiamento limitado, enquanto as forças terrestres são mais bem financiadas.

Vale a pena notar que alguns dos países entre os 30 primeiros da classificação obtiveram melhores resultados do que a Ucrânia, não porque o exército ucraniano se tenha deteriorado, mas porque essas nações também desenvolveram os seus exércitos. Veja-se, por exemplo, o caso da Coreia do Norte: há quatro anos, este país não estava entre os 30 primeiros; no entanto, devido à sua total militarização, esta nação subiu imediatamente para o 23º lugar.

Embora a posição da Ucrânia na classificação se tenha deteriorado, vale a pena olhar não só para o valor global, mas também para o índice de força do exército. Podemos ver que este índice está a aumentar todos os anos. Quanto mais pequeno for o valor, mais poderoso é o exército. Se em 2013 a Ucrânia tinha um índice de 0,83, em

2017 é de 0,56.

Assim, embora grande parte do trabalho já tenha sido feito, temos de admitir que o exército ucraniano travou até agora todas as batalhas utilizando sistemas de blindagem e artilharia obsoletos - o mesmo tipo de armas que a Rússia forneceu aos terroristas no Leste, na esperança de ocultar tanto quanto possível o seu apoio a essa parte específica do conflito. No entanto, esta ainda não é uma guerra verdadeiramente moderna que Putin está a travar contra a Ucrânia.

Atualmente, o exército ucraniano está a ser transformado, mas continua a não dispor de armas modernas, sem as quais nunca será capaz de se tornar um dissuasor da agressão russa. A Ucrânia precisa de um exército profissional, equipado com armas de alta precisão, sistemas não tripulados, defesa aérea, aviões modernos, etc. É óbvio que o Governo ucraniano não tem meios para comprar todos estes tipos de armas. O PIB da Ucrânia caiu a pique em consequência da agressão russa no Leste e na Crimeia. A Ucrânia perdeu um grande número de empresas, a sua dívida externa continuou a crescer e o seu fundo de pensões enfrenta um défice permanente. Há outras tarefas urgentes, como a recuperação das infra-estruturas danificadas pela guerra e o respeito pelos direitos das pessoas deslocadas internamente (cujo número total ultrapassa um milhão - homens, mulheres e crianças).

Recentemente, tem havido discussões desesperadas no estrangeiro sobre o fornecimento de armas letais à Ucrânia pelos Estados Unidos. Várias publicações americanas publicaram uma série de artigos sobre o assunto.

Segundo a autora de um desses artigos, o Presidente Trump deveria rejeitar qualquer proposta de fornecimento de armas letais à Ucrânia [Julie Thompson, 2017]. O artigo salienta que os EUA já concederam 750 milhões de dólares à Ucrânia. A ajuda dos EUA chegou à Ucrânia através da Iniciativa Europeia de Reasseguramento (ERI), que foi lançada em 2014 em resposta à incursão russa na Ucrânia. No ano fiscal de 2015, a ERI incluiu um fundo de transferência de 175 milhões de dólares que foi partilhado entre a Ucrânia e os três Estados bálticos. Concluindo que a Ucrânia não fez progressos significativos na utilização desta ajuda (sem apresentar provas), o autor salienta que a ajuda dos EUA tem sido frequentemente de pouca utilidade para a Ucrânia. Para confirmar este facto, o autor utiliza o relatório da agência noticiosa Reuters, segundo o qual os russos piratearam drones RQ-11B no valor de 12 milhões de dólares, tornando-os inutilizáveis e até perigosos para as tropas ucranianas. Os piratas informáticos utilizaram mesmo os drones para espiar as posições militares ucranianas. Outro exemplo é o fornecimento de Humvee SUVs. Os EUA enviaram

Humvees para a Ucrânia em 2015, mas estes veículos foram fabricados nas décadas de 1980 e 1990. Alguns deles chegaram com portas e janelas de plástico, oferecendo quase nenhuma proteção aos soldados. Outros avariaram após algumas centenas de quilómetros. No entanto, estas desvantagens não são de modo algum significativas no caso da Ucrânia, mas demonstram que as forças armadas ucranianas precisam de armas verdadeiramente modernas em vez de equipamento obsoleto e ineficaz. A principal conclusão do artigo é que a Ucrânia pertence à zona de interesses russos e que a segurança da Ucrânia tem pouco a ver com a segurança fundamental da União Europeia.

Estados Unidos.

Brian Milakovsky também tenta responder à questão de saber o que o fornecimento de armas americanas poderia fazer pela Ucrânia [Brian Milakovsky, 2017]. O autor duvida que o fornecimento de armas americanas possa travar a agressão russa ou, pelo contrário, que possa encorajar Putin a aumentar a pressão militar sobre a Ucrânia. Ao mesmo tempo, é difícil partilhar os receios do autor de que as armas defensivas dos EUA possam provocar o ataque da Ucrânia aos terroristas pró-russos. Estas armas só podem salvar as vidas de muitos militares ucranianos se as hostilidades aumentarem.

É de notar que nos EUA existem também outras opiniões opostas sobre o armamento das forças ucranianas. Tendo em conta que os pontos de vista dos autores deste documento são consistentes com os expressos no artigo "Thinking Long-Term About Ukraine's Defence" [Kirk Bennett, 2017] e com base no facto de o artigo refletir o ponto de vista de um especialista estrangeiro (na própria Ucrânia, a grande maioria dos cidadãos não tem dúvidas sobre a necessidade e a importância da assistência militar dos EUA), examinemos o trabalho de Kirk Bennett com mais pormenor.

O autor tem razão em admitir que, para compreender a guerra no sudeste da Ucrânia, temos de compreender que os antagonistas neste conflito não são a Rússia e os Estados Unidos, a Rússia e a NATO, ou a Rússia e o Ocidente. São a Rússia e a Ucrânia. O que está em causa não é o estatuto do Donbas, mas a destruição da Ucrânia como país independente. O conflito é uma luta existencial entre duas visões: ou os ucranianos de uma Ucrânia independente prosseguem o seu próprio projeto nacional, ou a Rússia, enquanto grande potência, domina, mais ou menos incondicionalmente, a Ucrânia e a maior parte do resto do antigo espaço soviético.

Na nossa opinião, o artigo explica de forma convincente por que razão a Rússia não vai evacuar o leste da Ucrânia. É claro que o Kremlin perdeu a sua melhor oportunidade pós-soviética de trazer a Ucrânia firmemente de volta à órbita da Rússia, mas aparentemente não está pronto para desistir e deixar a Ucrânia tentar entrar na União Europeia. Nenhuma combinação de neutralidade do Estado ucraniano, de concessões linguísticas e culturais à população ucraniana de língua russa ou mesmo de aceitação tácita da tomada da Crimeia pela Rússia poderá induzir Moscovo a retirar-se do Donbas. O abandono do Donbas por parte da Rússia equivaleria ao abandono da Ucrânia; a perda da Ucrânia significaria o fim de qualquer união euro-asiática ou "mundo russo" digno desse nome e, portanto, o fim (ou pelo menos uma redução drástica) da restauração da Rússia como grande potência. Além disso, muitos russos estão convencidos de que a Ucrânia faz simplesmente parte do seu património histórico e cultural inalienável, independentemente do que os ucranianos possam pensar. Portanto, podemos construir todas as "rampas" que quisermos, mas Putin simplesmente não está disposto - talvez mesmo incapaz - de sair já desta autoestrada.

Além disso, Kirk Bennett esclarece que não existe uma guerra civil no leste da Ucrânia (o que tem sido ativamente promovido pelos meios de comunicação social russos). Salienta que um dos equívocos que impedem uma abordagem prática para pôr fim, ou pelo menos atenuar, a guerra russo-ucraniana é a falsa narrativa de que os combates no Donbas são um assunto intra-ucraniano - que os falantes de russo no sudeste se revoltaram espontaneamente para repelir o "fascismo" e que estes "tractoristas", para usar a frase de Putin, repeliram corajosamente o exército ucraniano usando todas as armas a que puderam deitar a mão. Os apologistas do separatismo no Donbas, mesmo quando já não podem negar a intervenção óbvia da Rússia na Ucrânia, continuam a querer fazer-nos crer que o conflito no Donbas é essencialmente uma guerra civil com raízes em profundas diferenças regionais, cuja resolução passa por concessões suficientes às justas reivindicações do Donbas - que são, em geral, a assunção de uma identidade "Little Russian" em vez de uma identidade ucraniana, a inversão da trajetória de desenvolvimento europeu da Ucrânia e a sua reorientação para a Rússia (e, de preferência, a sua completa reabsorção pela Rússia).

O autor assinala, com razão, que os opositores da assistência defensiva à Ucrânia argumentam que os ucranianos nunca poderão esperar derrotar o exército russo em combate e retomar o Donbas pela força, e que armar Kiev nunca induzirá Putin a retirar-se do Donbas. Estes argumentos estão correctos, mas não são relevantes. O fornecimento de capacidades antiaéreas e antimísseis à Ucrânia não tem por objetivo alterar o equilíbrio de forças no Donbass. Pelo contrário, é uma resposta sóbria e ponderada à ameaça a longo prazo de uma guerra mais alargada na Ucrânia. A estratégia óbvia é aumentar o custo para os russos de uma campanha militar russa alargada contra o seu vizinho.

Consequentemente, as armas americanas de alta qualidade aumentarão certamente a capacidade de combate das forças armadas ucranianas. (A dissuasão é, em última análise, um resultado político alcançado na mente de um adversário potencial, convencendo-o de que os custos de uma ação superam os seus benefícios [General John W. Nicholson, Exército dos EUA, 2017]).

Além disso, em nossa opinião, a assistência militar de primeira classe à Ucrânia terá outra implicação, que não está diretamente relacionada com a capacidade de defesa. O fornecimento de armas letais demonstrará que os Estados Unidos apoiam a Ucrânia na sua resistência à agressão russa. Demonstrará que os Estados Unidos, enquanto país que desempenhou um papel fundamental no desarmamento nuclear da Ucrânia, continuam a ter a responsabilidade de garantir a soberania e a integridade territorial da Ucrânia. Não há dúvida de que esse apoio terá um efeito positivo na condição moral não só dos militares, mas da sociedade ucraniana no seu conjunto. Tanto mais que não devemos esperar esse apoio da União Europeia.

Ao mesmo tempo, devemos reconhecer abertamente a seguinte verdade: o problema da capacidade de defesa da Ucrânia não pode ser resolvido a curto prazo. Trata-se de um processo laborioso, moroso e muito dispendioso. Além disso, devido à disparidade entre a Rússia e a Ucrânia, esta última não está em condições de derrotar a Rússia num confronto armado.

3 CONCLUSÕES

Deve concluir-se que nenhuma das opções aqui consideradas pode garantir a segurança militar da Ucrânia. Nas condições actuais, as opções mais eficazes, segundo os autores, são (1) uma combinação de esforços diplomáticos no âmbito das organizações internacionais com (2) a reforma militar da Ucrânia com a ajuda e assistência dos Estados Unidos e da NATO e (3) a manutenção das sanções da UE e dos EUA impostas à Rússia em resposta à agressão contínua da Rússia contra a Ucrânia.

No entanto, é de notar que a única garantia possível da segurança militar da Ucrânia é a adesão do país à NATO. Em dezembro de 2014, o Parlamento aboliu o estatuto de neutralidade da Ucrânia. Em 2017, consagrou na legislação nacional a orientação da Ucrânia para a adesão à NATO [Lei da Ucrânia "Sobre os fundamentos da segurança nacional da Ucrânia", 2017].

A decisão do Parlamento ucraniano estabelece um quadro legislativo para o seu futuro pedido de adesão à NATO.

A NATO, ao contrário da UE, não tem critérios rigorosos de adesão (com exceção das cláusulas do Tratado do Atlântico Norte de 1949, que estipula que a adesão à NATO está aberta a qualquer Estado europeu "capaz de aplicar os princípios do Tratado (democracia, liberdade individual, Estado de direito) e de contribuir para a segurança da zona do Atlântico Norte" (1949). Tudo isto simplifica o processo de admissão à NATO de qualquer país que deseje aderir à aliança.

Quando a situação na Ucrânia estiver estabilizada, a questão da adesão da Ucrânia à NATO deve ser mantida na ordem do dia, porque só a adesão à NATO protegerá o nosso país da ameaça constante da Rússia.

Vale a pena sublinhar que a ameaça russa à Ucrânia nunca desaparecerá. Em agosto de 2017, foi publicado em Ukraine (2017) o livro Conflict Trajectory: The Pattern of Ukrainian-Russian Relations in the Short-Term Outlook: Chances, Paths, and Options For Conflict Settlement. O livro foi preparado pelo Centro Razumkov com a assistência e o apoio do Gabinete Konrad Adenauer-Stiftung na Ucrânia, no âmbito de um projeto destinado a facilitar o diálogo russo-ucranianoalemão.

Eis os títulos dos trabalhos de alguns peritos ucranianos e russos (os peritos alemães são mais diplomáticos e cautelosos nas suas avaliações, embora isso em nada altere a essência das relações ucraniano-russas). O conflito entre a Rússia e a Ucrânia vai continuar num futuro previsível", "Não está em causa qualquer modelo de normalização das relações ucraniano-russas num futuro próximo", "As relações ucraniano-russas vão piorar e mergulhar numa crise ainda mais profunda", "Não haverá qualquer mudança significativa no processo de normalização das relações ucraniano-russas", "As relações russo-ucranianas estão envenenadas pela atual crise a longo prazo", "O estado das relações russo-ucranianas pode ser descrito como catastrófico e é bem possível que se deteriorem ainda mais"."

Não há necessidade de comentar aqui. A opinião expressa nesta publicação por Lev Gudkov, diretor do grupo de reflexão Levada Center, é, a nosso ver, totalmente franca e honesta. O sociólogo russo observa, com razão, que a causa e a origem do conflito russo-ucraniano são as acções dos dirigentes russos, que também têm toda a responsabilidade (política, moral e jurídica). A posição da Europa sobre o confronto Rússia-Ucrânia é bastante ambígua: por um lado, a UE condena a Rússia por anexar a Crimeia e provocar uma guerra híbrida no leste da Ucrânia, mas, por outro lado, a condenação da UE e as sanções impostas à Rússia são claramente insuficientes para forçar o regime de Putin a reconsiderar a natureza da sua política em relação à Ucrânia. As sanções são desagradáveis e, quanto mais tempo duram, mais problemas causam às empresas russas, mas é sobretudo o povo russo que sofre e que suporta todos os custos da política de Putin. Num futuro previsível (3 a 5 anos), as empresas públicas russas e os oligarcas, que constituem a base económica do regime de Putin, não sentirão dificuldades graves causadas pelas restrições impostas. Não seria razoável pensar muito mais além.

Lev Gudkov salienta, com razão, que "não posso excluir uma nova escalada da situação no Donbas, uma invasão direta pelo exército russo para 'proteger os russos locais' do genocídio das forças punitivas de Kiev, como afirma a propaganda russa". Funcionou uma vez e é tentador repetir o sucesso, embora pareça que os planos para criar uma *"Novorossia"* tenham sido arquivados devido à sua natureza irrealista. Se o Ocidente tivesse reagido de forma diferente à guerra da Rússia com a Geórgia em 2008, a atual guerra híbrida entre a Rússia e a Ucrânia não teria acontecido. O Kremlin nunca se teria atrevido a embarcar numa tal aventura se os "analistas" tivessem podido considerar todas as opções. Mas, apesar de todas as condenações e fanfarronices, não houve uma posição ou reação clara da Europa.

Segundo o especialista, os objectivos do regime de Moscovo são manter o conflito na sua fase congelada (a forma mais "económica") com escaladas periódicas da situação no Donbas, bloqueando assim o processo de integração da Ucrânia nas estruturas ocidentais (UE, NATO) por um período indefinido. Graças ao seu monopólio quase absoluto dos meios de comunicação social nacionais, Moscovo impõe à população russa a convicção de que o país está totalmente cercado pelo inimigo, uma ameaça que emana do Ocidente, da NATO e da Ucrânia. De acordo com as últimas sondagens realizadas na Rússia em 2017, 59% dos inquiridos têm uma atitude negativa em relação à Ucrânia (a Ucrânia está ligeiramente abaixo dos Estados Unidos, com 61% dos inquiridos a terem uma atitude negativa em relação a este país [Levada Center, 2017]).

A realidade é que, historicamente, a Rússia nunca considerou a Ucrânia como um Estado soberano independente, mas apenas como uma área dos seus próprios interesses, ignorando os pensamentos e desejos dos ucranianos. O que a Rússia está a fazer atualmente na Ucrânia torna-a, de acordo com a sua própria legislação, um Estado terrorista, ou seja, um Estado que apoia o terrorismo a nível estatal. Para confirmar o que estamos a dizer, gostaríamos de fornecer a definição de terrorismo, consagrada na legislação da Federação Russa: "O terrorismo é a ideologia da violência e a prática de influenciar a **tomada de decisões das autoridades públicas**, **dos** órgãos de governo local ou **das** organizações internacionais, associada à intimidação da população e/ou a outras formas de ação violenta ilegal" [lei federal].

A adesão à NATO libertará a Ucrânia da ameaça militar permanente da Rússia e permitir-lhe-á concentrar-se no relançamento da sua economia.

Embora, ao contrário da Geórgia, a perspetiva de a Ucrânia aderir à NATO não tenha sido mencionada na declaração final da Cimeira de Varsóvia da NATO [Comunicado da Cimeira de Varsóvia, 2016], a situação política mundial evoluiu desde então e, quando surgir a oportunidade de aderir à NATO, a Ucrânia deve estar pronta para a aproveitar.

Atualmente, temos de nos concentrar em assegurar que as forças armadas ucranianas adoptem as normas militares da NATO e atinjam o nível de compatibilidade necessário nas áreas da logística, doutrina, tática, treino, comunicações, etc. Ao mesmo tempo, temos de nos lembrar que a NATO admite todo o país e não apenas as suas forças armadas. Ao mesmo tempo, é preciso lembrar que a NATO admite todo o país e não apenas as suas forças armadas. Muito dependerá do sucesso das reformas económicas, de uma verdadeira luta contra a corrupção, da introdução de um sistema judicial independente, etc. A Ucrânia tem de se tornar atractiva para os investidores estrangeiros. A Ucrânia tem de se tornar atractiva para os parceiros ocidentais, em vez de ser vista como uma fonte de problemas permanentes.

Simultaneamente, a diplomacia ucraniana deve explicar a todos os níveis e expor à comunidade internacional o facto de que a assunção da impossibilidade de a Ucrânia aderir à NATO não é mais do que a aceitação do território ucraniano como pertencente à esfera de influência russa, a conivência com a agressão de Moscovo e a indiferença em relação às aspirações da Ucrânia de se tornar um país verdadeiramente soberano, livre para sempre do diktat da Rússia.

Nos países com tradição democrática ocidental, quando são tomadas decisões políticas, é normal que o poder político tente obter o apoio da população. Nesta base, é interessante saber o que pensa a população dos países membros da NATO sobre a adesão da Ucrânia à aliança. Em 16 de setembro de 2017, na 14.ª reunião anual da Yalta European Strategy (YES) em Kiev, os resultados de um inquérito encomendado pela YES e pela Fundação Victor Pinchuk foram apresentados pelo departamento parisiense da Kantar Public [Yalta European Strategy, 2017].

No âmbito do inquérito, foram inquiridos cidadãos de sete Estados-Membros da UE - Alemanha, França, Itália, Lituânia, Grã-Bretanha, Polónia e Países Baixos. A maioria dos inquiridos (58%) apoiou a adesão da Ucrânia à NATO, enquanto apenas 48% apoiaram a adesão do país à UE.

Em quase todos os países onde o inquérito foi realizado, a maioria das pessoas aceita a ideia de a Ucrânia aderir à Aliança do Atlântico Norte. Mesmo em França e nos Países Baixos, 49% da população é a favor (estes países têm uma atitude tradicionalmente cética em relação à possibilidade de a Ucrânia aderir à UE), e noutros países o nível de apoio é ainda mais elevado. Na Lituânia e na Polónia, os números são de 72% e 76%, respetivamente. Estes dois países do antigo "campo comunista" provaram ser os mais fortes apoiantes da adesão da Ucrânia à NATO. O principal argumento a favor da adesão da Ucrânia à NATO, de acordo com os europeus inquiridos, é a defesa da nação contra a Rússia (40% dos que são a favor da adesão da Ucrânia à aliança).

Assim, apesar das declarações daqueles que pensam que um país que está em guerra com a Rússia não deve pensar em aderir à NATO, 58% das pessoas interrogadas em sete países europeus membros da NATO manifestaram o seu apoio à adesão da Ucrânia à aliança. Portanto, o caminho da Ucrânia para a NATO não é assim tão sombrio. Não será nem rápido nem curto, mas determinará o futuro da Ucrânia. A Ucrânia tem absolutamente de se tornar um membro de pleno direito da NATO. Caso contrário, o Kremlin continuará a considerar a destruição da Ucrânia enquanto nação independente como um objetivo perfeitamente exequível.

4 Referências

1. Uma estratégia global para a política externa e de segurança da União Europeia (2016). Disponível em: https://eeas.europa.eu/top_stories/pdf/eugs_ review_web.pdf - Acedido em 5.11.2016.

2. Andrzej Wilk. O melhor exército que a Ucrânia já teve. Disponível em: https: //www.osw.waw.pl/sites/default/files/prace_66_ang_best_army_ukraine_net.pd f - Acedido em 9.09.2017.

3. Brian Milakovsky. O verdadeiro perigo de enviar armas americanas para a Ucrânia. O
National Interest, 28 de agosto de 2017. Disponível em:
http://nationalinterest.org/feature/the-real-danger-sending-us-arms-ukraine-22088 - Acedido em 21.09.2017.

4. Chanceler Merkel diz que Conselho de Segurança da ONU deve ser reformado. Disponível em: http://www.dw.com/en/chancellor-merkel-says-un-security-council-must-be- reformed/a-18743897 - Acedido em 30.08.2017.

5. Carta das Nações Unidas (1945). Disponível no seguinte endereço *http://www.un.org/en/charter-united-nations-* Acedido em 20.11.2016.

6. Conclusões do Conselho sobre a aplicação da estratégia global da UE no domínio da aprendizagem ao longo da vida.
Segurança e Defesa (2016). Disponível em: http://www.
consilium.europa.eu/pt/press/press-releases/ 2016/11/14-conclusions-eu-global-strategy-security-defence/ - Acedido em 20.11.2016.

7. Conclusões do Conselho sobre os progressos realizados na implementação da estratégia global da UE no domínio da educação.
Segurança e defesa (2017). Disponível no seguinte endereço
http://www.consilium.europa.eu/en/press/press-releases/2017/03/06-conclusions-security-defence/ - Acedido em 30.08.2017.

8. Versões consolidadas do Tratado da União Europeia e do Tratado da União Europeia.
Funcionamento da União Europeia (2012). Disponível em: http://eur-lex.europa.eu/resource.html?uri=cellar:2bf140bf-a3f8-4ab2-b506-fd71826e6da6.0023.02/DOC_2&format=PDF - Accessed 2.11.2017.

9. Daniel Vernet. La Crimee, obsession de Vladimir Poutine depuis vingt ans (2014). Disponível em: http://www.slate.fr/story/91997/crimee-obsession-poutine - Acedido em 24.09.2017.

10. Deutsche Welle. Чи згадае самггг Украша-СС про европейську перспективу Киева? [Irá a cimeira Ucrânia-UE recordar a perspetiva europeia de

Kiev?] Disponível em: http://www.dw.com/uk/чи-згадае-саміт-україна- ес-про-европейську-перспективу-киева-39645171 - Acedido em 30.08.2017.

11. Encyclopaedia Britannica Online Academic Edition. Neutralidade. Disponível em: https://www.britannica.com/topic/neutrality - Acedido em 24.09.2017

12. Plano de Ação Europeu de Defesa. (2016). Disponível em: http://ec.europa.eu/DocsRoom/documents/20372 - Acedido em 30.08.2017.

13. Conclusões do Conselho Europeu sobre a Ucrânia, 15 de dezembro de 2016. Disponível em: http://www.consilium.europa.eu/en/press/press-releases/2016/12/15-euco- conclusions-ukraine/ - Acedido em 30.08.2017.

14. Resolução do Parlamento Europeu, de 16 de fevereiro de 2017, sobre eventuais desenvolvimentos da União Europeia e adaptações ao atual quadro institucional da União Europeia (2014/2248(INI)). (2017). Disponível em http ://www.europarl .europa.eu/sides/getDoc.do?pubRef=-//EP//TEXT+TA+P8-TA-2017-0048+0+DOC+XML+V0//EN&language=EN - Acedido em 30.08.2017.

15. General John W. Nicholson, Exército dos EUA. Forças Terrestres da NATO. Per Concordiam: Journal of European Security and Defense Issues, volume 8, número 1, 2017. Disponível em: http://www.marshallcenter.org/mcpublicweb/mcdocs/files/College/F_Publications/perConcordiam/percon_v8n1_en.pdf - Acedido em 30.09.2017.

16. Poder de fogo global. Classificação do poder militar 2017. Disponível **em:** https://**www.globalfirepower.com/countries-listing.asp-** Acesso em 9.09.2017.

17. Plano de execução em matéria de segurança e defesa (2016). Disponível em: https://eeas.europa.eu/sites/eeas/files/eugs_implementation_plan_st14392.en16_0.pdf - Acedido em 30.08.2017.

18. Jacob Heilbrunn, entrevista com Henry Kissinger (2015). Disponível em: http://nationalinterest.org/feature/the-interview-henry-kissinger-13615 - Acedido 3 .11.2016.

19. Jane's Military & Security Assessments. Disponível em: https://janes-ihs-com.ezproxy.members.marshallcenter.org/MilitarySecurityAssessments/Home Acedido em 9.09.2017.

20. Declaração conjunta da Comissão OTAN-Ucrânia a nível de Chefes de Estado e de Governo, 9 de julho de 2016, Varsóvia, Polónia. Disponível em: http: //www.nato. int/cps/en/natohq/official_texts_133173.htm?selectedLocale=en Acedido em 9.09.2017.

21. Julian Borger, Bastien Inzaurralde. Os vetos russos estão a pôr em risco a legitimidade do Conselho de Segurança da ONU, dizem os EUA" (2015). Disponível em: https://www.theguardian.com/world/2015/sep/23/russian-vetoes-putting-un-security- council-legitimacy-at-risk-says-us - Acedido em 1.11.2016.

22. Julie Thompson. Porque é que a ajuda letal não pode ajudar a Ucrânia. The National Interest, 30 de agosto de 2017. Disponível em: http://nationalinterest.org/feature/why-lethal-aid-cant- help-ukraine-22114 - Acedido em 21.09.2017.

23. Kennedy Paul, Russett Bruce (1995), "Reforming the United Nations", Foreign Affairs, Volume 74, Número 5. Disponível em: https://www.foreignaffairs.eom/issues/1995/74/5 - Acedido em 30.08.2017.

24. Kirk Bennett. Thinking Long-Term About Ukraine's Defense [Pensando a longo prazo sobre a defesa da Ucrânia]. The American Interest, 25 de setembro de 2017. Disponível em: https://www.the-american- interest.com/2017/09/25/thinking-long-term-ukraines-defense/ - Acedido em 28.09.2017.

25. Centro Levada. Отношение к странам [Centro Levada. Atitude em relação aos países]. Disponível em: https://www.levada.ru/indikatory/otnoshenie-k-stranam/ - Acedido em 1.10.2017.

26. Relações com a Ucrânia. Disponível em: http://www.nato.int/cps/en/natolive/topics_37750.htm - Acedido em 9.09.2017.

27. Relatório do Painel de Alto Nível sobre Ameaças, Desafios e Mudança, A/'59/565, (2004), "Um mundo mais seguro: a nossa responsabilidade partilhada". Disponível em: https://documents-dds-ny.un.org/doc/UNDOC/GEN/N04/602/31/PDF/N0460231.pdf?OpenElement Acedido em 30.08.2017.

28. Resolução adoptada pela Assembleia Geral em 27 de março de 2014 68/262. Integridade territorial da Ucrânia (2014). Disponível em: http:// http://www.securitycouncilreport.org/atf/cf/%7B65BFCF9B-6D27-4E9C-8CD3-CF6E4FF96FF9%7D/a_res_68_262.pdf - Accessed 20.11.2016.

29. Richard Gowan. 'A reforma do Conselho de Segurança está morta'. Disponível em: http://www.ips-journal.eu/regions/global/article/show/security-council-reform-is- dead-2361/ - Acedido em 21.10.2017

30. Conselho de Segurança - Lista de vetos. Disponível em: http://research.un.org/en/docs/sc/quick - Acesso em 30.08.2017.

31. Reforma do sector da segurança na Ucrânia. Corporação RAND. Disponível **em:** https:**//www.rand.org/pubs/research_reports/RR1475-1.html-** Acedido em 9.09.2017.

32. O Acordo de Associação entre a União Europeia e a União Europeia Comunidade da Energia Atómica e seus Estados-Membros, por um lado, e Ucrânia, por outro (2014). Disponível em: https://eur-lex.europa.eu/legal-content/EN/TXT/PDF/?uri=CELEX:22014A0529(01)&from=EN - Acedido em 30.08.2017.

33. A Missão Consultiva da União Europeia. Disponível em: http://www.euam-

ukraine.eu/our-mission/about-us/ - Acedido em 30.08.2017.

34. A estratégia global da UE - Ano 1 (2017). Disponível no seguinte endereço https://europa.eu/globalstrategy/en/vision-action - Acedido em 30.08.2017.

35. A Publicação Conjunta (JP) 1-02, Departamento da Defesa (2016). Dicionário de termos militares e associados. Disponível em: http://www.dtic.mil/doctrine/new_pubs/jp1_02.pdf - Acedido em 20.11.2016.

36. Tratado do Atlântico Norte (1949). Disponível em: http://www.nato.int/cps/en/natolive/ official_texts_17120.htm - Acedido em 2 0.11.2016.

37. Trajetória do conflito: o modelo das relações ucraniano-russas a curto prazo: perspectivas, caminhos e opções para a resolução do conflito. Centro Razumkov. Disponível em: http://razumkov.org.ua/uploads/article/2017_Ukr_Ros_Jun_.pdf - Acedido em 1.10.2017.

38. Discussões trilaterais sobre o acordo de comércio livre entre a UE e a Ucrânia Distinguir entre
Mitos e realidades (2015). Disponível em
http://trade.ec.europa.eu/doclib/docs/2015/december/tradoc_154127.pdf - Acedido em 1.10.2017.

39. USA Today. Richard Haass explica por que razão devemos preocupar-nos com a Ucrânia.
Disponível em: https://www.usatoday.com/story/opinion/2017/04/13/four-good-reasons-to-care-about-ukraine-russia-putin-column/100379768/ - Acedido através da seguinte ligação
21.09.2017

40. A ação do Conselho de Segurança da ONU sobre o referendo na Crimeia é bloqueada (2014).
Disponível no seguinte endereço
http://www.un.org/apps/news/story.asp?NewsID=47362#.Vh5DHyuJ0u8 - Acedido 1 9.11.2016.

41. Comunicado da Cimeira de Varsóvia (2016). Disponível em: http:// http://www.nato.int/cps/en/natohq/official_texts_133169.htm - Acedido em 22.11.2016.

42. Wolfgang Ischinger (2015), "A task of generations. Russia and the West", Per Concordiam: Journal of European Security and Defense Issues, 6(3): 9. Disponível em
http://www.marshallcenter.org/mcpublicweb/mcdocs/files/College/F_Publications/perConcordiam/pC_V6N3_en.pdf - Acedido em 20.11.2016.

43. Estratégia Europeia de Ialta. Resultados da sondagem de opinião (2017). Disponível em: https://yes-ukraine.org/en/Yalta-annual-meeting/2017/polls - Acedido

em 5.11.2017.

44. Não há outra opção senão ir para a escola ou para a universidade. вектор геополитики Российской
Федерации: Предпосылки войны [Andrei Datsyuk. O vetor ucraniano da geopolítica da Federação Russa: As condições para a guerra]. Disponível em.
https ://112.ua/statj i/ukrainskiy-vektor-geopolitiki-rossiyskoy-federacii-predposylki-voyny-158548.html - Acedido em 2.11.2017.

45. Ambas as partes concordam que esta é uma questão geral. Як протидlяти агреси з обмеженими
ресурсами. Institute of World Policy [Segurança no período de transição. Como resistir à agressão com recursos limitados]. Disponível em:
https: //drive.google.com/file/d/0B7i_OSucRX5wODk3Uk5 5ektMOVE/view Acedido em 24.09.2017

46. Большая пресс-конференция Владимира Путина, 17 de dezembro de 2015, [Conferência de imprensa anual de Vladimir Putin em *17* de dezembro de 2015]. Disponível em http://kremlin.ru/events/ president/news/50971 - Acedido em 20.11.2016.

47. росшсель назвав шють росшських 'мlфlв' про ЗВТ мlж Украшою та CCC
(2015) [Bruxelas nomeou seis "mitos" russos sobre o ACL Ucrânia-UE]. Disponível em
http ://www.bbc.com/ukrainian/business/2015/12/151223_eu_ukraine_trade_russian_ myths_sa?ocid = socialflow_facebook - Acedido em 20.11.2016.

48. Военная доктрина Российской Федерации (2014) [Doutrina militar da Federação Russa]. Disponível em: http://static.
kremlin.ru/media/events/files/41d527556bec8deb3530.pdf - Acedido em 20.11.2016.

49. Громадська думка населеня Украши про НАТО. Fundação Ilko Kucheriv de Iniciativas Democráticas [Opinião pública da população ucraniana sobre a NATO]. Disponível em: http://dif.org.ua/article/gromadska-dumka-naselennya-ukraini- pro-nato - Acedido em 30.08.2017.

50. Гройсман у Берлшт чи е в Украши шанс стати членом СС? (2016) [Groisman em Berlim: Há alguma hipótese de a Ucrânia se tornar membro?]. Disponível em http://www.dw.com/ик/гройсман-у-берлшпчи-е-в-украши-шанс-стати- членом-ес/а-19360457 - Acedido em 5.10.2017.

51. Динамша сустльно-полгичних настро!в: вересень 2015 [A dinâmica das atitudes sociais e políticas: setembro de 2015]. Disponível em: http://ratinggroup.ua/files/ratinggroup/reg_files/survey_of_ukrainian_public_opinion _september_7-21_2015_ua_0001.pdf - Acedido em 20.11.2016.

52. Договір між Украшою і Росшською Федеращею про украшсько-

росшський державний кордон (2003) [Acordo entre a Ucrânia e a Federação da Rússia sobre a fronteira entre a Ucrânia e a Rússia]. Disponível em: http://zakon2.rada.gov.ua/laws/show/643_157- Acedido em 20.11.2016.

53. Договір про дружбу, сшвробгництво i партнерство між Украшою i Росшською Федеращею (1997) [Tratado de Amizade, Cooperação e Parceria entre a Ucrânia e a Federação da Rússia]. Disponível em: http://zakon2.rada.gov.ua/laws/show/643_006 - Acedido em 20.11.2016.

54. Д. Шимюв. Навщо RAND? [D.Shymkiv. O que para a RAND?] Disponível em: http:**//www.pravda.com.ua/columns/2017/02/7/7134717/-** Acessado em 9.09.2017.

55. Закон Украши Про основи нацюнально! безпеки Украши [Lei da Ucrânia sobre os fundamentos da segurança nacional da Ucrânia]. Disponível em: http://zakon2.rada.gov.ua/laws/show/964-15 - Acedido em 30.09.2017.

56. 1нтерфакс-Украина. ГПУ расследует дела по доведению армии до состояния небоеспособности, расхиищению и распродаже военного имущества [Interfax-Ucrânia. GPU investiga casos de incapacitação do exército, desvio de fundos e venda de bens militares]. Disponível em: http://interfax.com.ua/news/general/367501.html - Acedido em 21.09.2017.

57. 1рина Сампан. Рейтинг армш свпу: Як Укра!на опинилася на 30 мхсщ? [Iryna Sampan A classificação dos exércitos do mundo: como a Ucrânia chegou ao 30º lugar]. Disponível em: https://ua. 112.ua/statji/reitynh-armii-svitu-chomu-ukraina-opynylasia- na-30-mistsi-411394.html - Acedido em 21.09.2017.

58. Как Киев преодолевает последствия "транзитных войн" с РФ (2017) [Como Kiev supera as consequências da "guerra de trânsito" com a Rússia (2017)]. Disponível em http://www.dw.com/ru/как-киев-преодолевает-последствия-транзитных-войн-с- рф/а-37145629- Acedido em 25.01.201).

59. Костенко, Юрш. Історія ядерного розброєння Украши. К. : Ярославів Вал, 2015, 464 с. [Kostenko, Yurin. A história do desarmamento nuclear da Ucrânia].

60. приеднантн безпеки у з приедняням Украши до Договору прозтн прошо про нерозпвсюдження ядерно! збро! (1994) [Memorando sobre as garantias de segurança relacionadas com a adesão da Ucrânia ao Tratado de Não-Proliferação de Armas Nucleares]. Disponível em: http://zakon2.rada.gov.ua/laws/show/998_158 - Acedido em 20.11.2016.

61. Мирослава Гонгадзе, Дмитро Савчук. Стало вщомо, як Кравчук "торгувався" за цшу ядерного розброеня Укра!ни [Myroslava Gongadze, Dmytro Savchuk. Ficámos a saber como Kravtchuk "negociou" o preço do desarmamento nuclear da Ucrânia]. Disponível em: https://ukrainian.voanews.com/a/lugar-gongadze/3649490.html - Acedido em 21.09.2017.

62. Оланд перед визитом в Киев: 'Франция против вступления Украины в

НАТО' (2015) [Hollande afirmou que a França se "opõe à adesão da Ucrânia à NATO" antes da visita a Kiev]. Disponível no seguinte endereço: http://www.bbc.com/ukrainian/ukraine_in_russian/2015/02/150205_ru_s_hollande_merkel_update - Acedido em 20.11.2016.

63. Парламентски слуханя 'Про стан та перспективи розвитку военно! оргашзацп та сектору безпеки Укра!ни' (2012) [Audições parlamentares "Sobre a situação e as perspectivas de desenvolvimento da organização militar e do sector da segurança na Ucrânia"]. Disponível em: http://komnbo.rada.gov.ua/komnbo/control/uk/publish/printable_article?art_id=47988 - Acedido em 20.11.2016.

64. Питер Дикинсон. Чтобы попытаться стать европейским государством, зеленый свет Брюсселя Украине не нужен (2016) [Peter Dickinson diz que não é preciso esperar pela luz verde de Bruxelas para se tornar um Estado europeu]. Disponível em http://nv.ua/opinion/ dikinson/ukraina-mozhet-stat-evropoj-i-bez-es-135796.html - Acedido em 25.10.2017.

65. Сергей Лавров: ООН - уникальный механизм международного сотрудничества во всех сферах деятельности [Sergei Lavrov: A ONU - um mecanismo único de cooperação internacional em todas as áreas de atividade]. Disponível em: https://russian.rt.eom/article/115165 - Acedido em 30.08.2017.

66. Стратепя национально! безпеки Украши, затверджена Указом Президента Укра!ни в1д 26 травня 2015 року № 287/2015 (2015) [A Estratégia de Segurança Nacional da Ucrânia (2015) aprovada pelo Decreto do Presidente da Ucrânia de 26/05/2015, № 287/2015]. Disponível em: http://zakon3.rada.gov.ua/laws/show/287/2015 - Acedido em 20.11.2016.

67. O Sistema de Informação da União Europeia (EUI) foi criado pela Comissão Europeia. безпеки Укра!ни 'Укра!на у свт, що змтюеться' (2012) [A Estratégia de Segurança Nacional da Ucrânia "Ucrânia num mundo em mudança"]. Disponível em: http://zakon2.rada.gov.ua/laws/show/105/2007 Acedido em 20.11.2016.

68. СтратеПя сталого розвитку "Укра!на - 2020" (2015) [A estratégia para o desenvolvimento sustentável "Ucrânia 2020"]. Disponível em http://zakon3.rada.gov.ua/laws/show/5/2015(30/09/2017).

69. У Берлин не бачать перспектив членства Укра!ни в СС в осяжному майбутньому (2016) [Berlim não vê perspetivas de adesão da Ucrânia à UE num futuro previsível]. Disponível em http://www.dw.com/uk/у-берлінi-не- бачать-перспектив-членства-- Acedido em 2.10.2017).

70. Указ Президента Укра!ни №183/2017 [Decreto do Presidente da Ucrânia n.º 183/2017]. Disponível em: http://www.president.gov.ua/documents/1832017-22182 - Acedido em 20.09.2017.

71. O projeto de lei foi aprovado por unanimidade pela Assembleia Nacional e

pelo Conselho Constitucional. 319, О внесени изменений в Указ Президента Российской Федераци от 1 января 2016 г. экономической безопасности и национальных интересов Российской Федераци при осуществлени международных транзитных перевозоко. грузов с террритории Украины на територию Республики Казахстан через террриторию Российской Федерации' [Decreto Presidencial de 01.07.2016, № 319, Sobre alterações ao Decreto do Presidente da Federação Russa de 1 de janeiro de 2016, № 1 "Sobre medidas que garantem a segurança económica e os interesses nacionais da Federação Russa no trânsito internacional de mercadorias do território da Ucrânia para o território da República do Cazaquistão através do território da Federação Russa"]. Disponível em http://kremlin. ru/acts/bank/40954 - Acedido em 25.10.2016.

72. закон от 06.03.2006г. № 35-ФЗ 'О противодействи терроризму' [Lei Federal de 06.03.2006. № 35-ФЗ "Sobre a luta contra o terrorismo"]. Disponível em: http://kremlin.ru/acts/bank/23522 - Acedido em 1.10.2017.

73. Фукуяма Ф. Америка на распутье: власть и неоконсервативное наследие. Москва, АСТ, 2008, 282 с. [Fukuyama F. A América na encruzilhada: democracia, poder e o legado neoconservador. Moscovo, AST, 2008, 282 p.]

74. O projeto de lei foi aprovado pela Assembleia Nacional. Ставлення громадян Украши до сусшльних шститулв, електоральш орхентацп [Centro Razumkov. Atitude dos cidadãos ucranianos em relação às instituições públicas, orientações eleitorais]. Disponível em: ttp://razumkov.org.ua/napryamki/sotsiolohichni-doslidzhennia/stavlennia-hromadian-ukrainy-do-suspilnykh-instytutiv-elektoralni-oriientatsii - Acedido em 24.09.2017.

75. Ярина Матвшчук. Орел і тризуб' - успіхи та невдач1 полгики США щодо Украши очима екс-посла Спвена Пайфера [Yaryna Matviichuk. A águia e o tridente - os sucessos e os fracassos da política dos EUA em relação à Ucrânia através dos olhos do antigo embaixador Steven Pifer]. Disponível no seguinte endereço https://ukrainian.voanews.com/a/orel-i-tryzub/402417 2.html - Acedido em 21.09.2017.

Conteúdo

More Books!

yes

I want morebooks!

Buy your books fast and straightforward online - at one of world's fastest growing online book stores! Environmentally sound due to Print-on-Demand technologies.

Buy your books online at
www.morebooks.shop

Compre os seus livros mais rápido e diretamente na internet, em uma das livrarias on-line com o maior crescimento no mundo! Produção que protege o meio ambiente através das tecnologias de impressão sob demanda.

Compre os seus livros on-line em
www.morebooks.shop

info@omniscriptum.com
www.omniscriptum.com

OMNIScriptum

MIX
Papier aus verantwortungsvollen Quellen
Paper from responsible sources
FSC® C105338

Printed by Books on Demand GmbH, Norderstedt / Germany